U0866465

全国工会干部培训基础教材

工会网上工作概论

全国工会干部培训基础教材编写委员会◎编

中国工人出版社

图书在版编目（CIP）数据

工会网上工作概论 / 全国工会干部培训基础教材
编写委员会编 .—北京：中国工人出版社，2023.3
ISBN 978-7-5008-8098-1

Ⅰ . ①工…　Ⅱ . ①全…　Ⅲ . ①工会工作 – 中国 –
干部培训 – 教材　Ⅳ . ① D412.6

中国国家版本馆 CIP 数据核字（2023）第 025743 号

工会网上工作概论

出 版 人　董　宽
责任编辑　罗荣波
责任校对　张　彦
责任印制　栾征宇
出版发行　中国工人出版社
地　　址　北京市东城区鼓楼外大街45号　邮编：100120
网　　址　http://www.wp-china.com
电　　话　（010）62005043（总编室）
（010）62005039（印制管理中心）
（010）62382916（工会与劳动关系分社）
发行热线　（010）82029051　62383056
经　　销　各地书店
印　　刷　北京市密东印刷有限公司
开　　本　660毫米×960毫米　1/16
印　　张　14.75
字　　数　180千字
版　　次　2023年3月第1版　2024年6月第4次印刷
定　　价　35.00元

本书如有破损、缺页、装订错误，请与本社印制管理中心联系更换
版权所有　侵权必究

全国工会干部培训基础教材
编写委员会

主　任：徐留平

副主任：谭天星　张茂华

成　员：吕国泉　王海波　张晓辉　王利中
栗　斌　王晓峰　刘　伟　王娇萍
杨军日　王君伟　李艳清　朱虎祥
马　进　张西昶　李庆忠　陈杰平
李庆堂　徐　璐　刘向兵　董　宽

团结动员亿万职工
为全面建设社会主义现代化国家
贡献力量（代序）

王东明

党的二十大是在全党全国各族人民迈上全面建设社会主义现代化国家新征程、向第二个百年奋斗目标进军的关键时刻召开的一次十分重要的大会，是一次高举旗帜、凝聚力量、团结奋进的大会，为新时代新征程党和国家事业发展、实现第二个百年奋斗目标指明了前进方向、确立了行动指南。必须深刻领会大会精神实质、把握核心要义、明确奋斗目标，在全面学习、全面把握、全面落实上下功夫，团结动员亿万职工在新征程上踔厉奋发、勇毅前行，为实现第二个百年奋斗目标贡献智慧和力量。

深刻领悟“两个确立”的决定性意义，把“两个维护”落实到工会工作各方面全过程

党的二十大在政治上、理论上、实践上取得了一系列重大成果。习近平同志在党的二十届一中全会上继续当选中共中央总书记，充分反映了全党全军全国各族人民的共同心愿和习近平总书记的崇高威望，充分展示了全党全国上下在以习近平同志为核心的党中央团结带领下战胜前进道路上一切风险挑战、开创美好未来的坚定信心和决心，是全党上下拥护“两个确立”、做到“两个维护”的生动实践和真实体现。

党的十八大以来，党和国家面临的形势之复杂、斗争之严峻、改革发展稳定任务之艰巨世所罕见、史所罕见，习近平总书记以高超的政治智慧、强烈的历史担当、卓越的领导能力和“我将无我，不负人民”的崇高境界，带领全党全军全国各族人民攻坚克难、砥砺前行，推动党和国家事业取得历史性成就、发生历史性变革。实践充分证明，新时代十年的伟大变革，根本在于有习近平总书记作为党中央的核心、全党的核心领航掌舵，在于习近平新时代中国特色社会主义思想的科学指引。“两个确立”是党在新时代取得的重大政治成果，是推动党和国家事业取得历史性成就、发生历史性变革的决定性因素。

习近平总书记高度重视工人阶级和工会工作，对工会坚持党的领导提出明确要求，强调工会工作做得好不好、有没有取得明显成效，关键看有没有坚持正确政治方向；坚持正确政治方向，一言以蔽之，就是要坚持中国共产党领导和社会主义制度；只有坚持党的领导，工会工作才能方向明确、不走偏路，才能做得有声有色、扎实有效；在坚持党的领导这个根本问题上，工会必须旗帜鲜明、立场坚定。回顾百年来党领导的现代工人运动史，我国工会坚定不移在党的领导下开展工作，与历史同步伐、与时代共命运，为党和国家事业发展作出了重要贡献。

党的十八大以来，全总和各级工会始终把坚持党的领导作为工会工作的最高政治原则和根本保证，把深入学习贯彻习近平新时代中国特色社会主义思想作为首要政治任务，健全学习新时代党的创新理论的制度性安排，准确把握其基本观点、核心要义、科学体系、根本要求；完善党组（党委）会议“第一议题”制度，第一时间传达学习、第一时间狠抓落实习近平总书记重要指示批示、党中央重大决策部署；完善向党中央请示报告重大事项制度，探索与省级党委协调推进工会工作的机制，完善全总定期听取省级工会工作报告和意见建议制度；以党的政治建设为统领加强党的各项建设，全面推进工会系统从严治党，营造风清气正的良好政治生态。党的十八大以来工会工作取得重要进展和新成效，根本在于始终坚持党对工会的领导，在于始终坚持以习近平新时代中国特色社会主义思想为指导。

当前，世界百年未有之大变局加速演进，新一轮科技革命和产业变革深入发展，国际力量对比深刻调整，我国发展进入战略机遇和风险挑战并存、不确定难预料因素增多的时期。面对严峻复杂的形势，最重要的就是要始终坚持“两个确立”，坚决做到“两个维护”，这是党在新时代十年伟大变革中积累的宝贵经验，是党和国家的前途命运所系、全国各族人民的根本利益所在，是党团结带领全国各族人民全面建设社会主义现代化国家、夺取新的伟大胜利的根本政治保证。新征程上，各级工会组织和广大工会干部必须深刻领悟“两个确立”的决定性意义，进一步增强“四个意识”、坚定“四个自信”、做到“两个维护”，坚定不移在思想上政治上行动上同以习近平同志为核心的党中央保持高度一致。坚持不懈强化理论武装，深刻把握习近平新时代中国特色社会主义思想的世界观和方法论，坚持运用贯穿其中的立场观点方法，切实用以指导实践、推动工作、破解难题。自觉同习近平总书记重要指示批示精神、重要论述、党中央决策部署要求对标对表，真正把拥护“两个确立”、做到“两个维护”体现在行动上，落实到工作中。面向基层和一线职工，广泛开展多种形式的宣传宣讲，推动“两个确立”更加深入人心、“两个维护”成为广大工会干部和职工群众的自觉行动。

引领职工听党话、跟党走，汇聚起亿万职工团结奋斗的磅礴力量

党的二十大立足新时代新征程的历史方位，深刻分析我国发展面临的形势和挑战，对全面建成社会主义现代化强国两步走战略安排进行了宏观展望，重点部署了未来5年的战略任务和重大举措，发出了为全面建设社会主义现代化国家、全面推进中华民族伟大复兴而团结奋斗的伟大号召。

习近平总书记强调，党和人民取得的一切成就都是团结奋斗的结果，团结奋斗是中国共产党和中国人民最显著的精神标识。团结才能胜利，奋斗才会成功。新时代十年，我们以奋发有为的精神把新时代中国特色社会主义推向前进，创造了一个个令人刮目相看的人间奇迹，靠的就是全党全国各族人民万众一心、勇往直前、团结奋斗。汇聚起亿万人民团结奋斗的磅礴伟力，离不开扎实有效的思想政治引领。通过卓有成效的思想政治引领，把亿万职工思想统一起来、共识凝聚起来、力量激发出来，工会重任在肩、使命在肩。

党的十八大以来，全总和各级工会认真履行引导职工群众听党话、跟党走的政治责任，把学习贯彻习近平新时代中国特色社会主义思想作为加强思想政治引领的第一位任务，通过理论宣讲、劳模宣讲、演讲比赛、知识竞赛等方式，把“大学习”的课堂搬到工厂车间、生产一线，推动习近平新时代中国特色社会主义思想进企业、进车间、进班组。加强对习近平总书记关于工人阶级和工会工作的重要论述的学习贯彻和研究阐释，推动重要论述在工会系统和广大职工中落地生根。深入开展“永远跟党走、奋进新征程”、“喜迎二十大、建功新时代”等系列宣传教育活动，培育和践行社会主义核心价值观，“中国梦·劳动美”的价值引领深入基层、扎根职工。大力弘扬劳模精神、劳动精神、工匠精神，组织劳模、工匠人才进校园、进企业，发布全国“最美职工”、“大国工匠年度人物”，努力营造劳动光荣的社会风尚和精益求精的敬业风气。加强重点领域重点群体职工思想政治工作，创新工作方式方法，强化网上思想引领，推动思想政治工作传统优势与信息技术深度融合，加强对职工的人文关怀和心理疏导，建设健康文明、昂扬向上、全员参与的职工文化。

全面建设社会主义现代化国家，是一项伟大而艰巨的事业，前途光明，任重道远，更加需要坚定信念、鼓舞斗志，更加需要同心同德、团结奋斗。新征程上，工会必须牢记“三个务必”，牢牢把握团结奋斗的时代要求，把巩固团结奋斗的共同思想基础作为思想政治引领的重要内容，不断创新职工思想政治工作，引导广大职工坚定中国特色社会主义道路自信、理论自信、制度自信、文化自信，不断增强对中国共产党领导和中国特色社会主义制度的政治认同、思想认同、情感认同，自觉把人生理想、家庭幸福融入国家富强、民族复兴的伟业之中，更加紧密地团结在以习近平同志为核心的党中央周围，坚定不移听党话、矢志不渝跟党走，为实现党的二十大确定的目标任务团结奋斗。

贯彻党的全心全意依靠工人阶级方针，组织动员亿万职工在新征程上建功立业

党的二十大报告指出，从现在起，中国共产党的中心任务就是团结带领全国各族人民全面建成社会主义现代化强国、实现第二个百年奋斗目标，以中国式现代化全面推进中华民族伟大复兴。这是站在历史和时代的高度，全面把握党和国家事业发展新要求、人民群众新期待，向全党全国各族人民发出的动员令。

习近平总书记强调，工人阶级是我国的领导阶级，是我国先进生产力和生产关系的代表，是我们党最坚实最可靠的阶级基础。我国工会是中国共产党领导的工人阶级群众组织，团结动员广大职工群众为实现党在不同历史时期确立的纲领、目标和中心任务而努力奋斗是工会的重要使命。新民主主义革命时期，工会按照党确立的符合当时形势的工运策略和活动方式，提高工人阶级的政治觉悟，动员工人群众开展各种形式的斗争，团结动员广大职工为实现民族独立、人民解放而奋斗；社会主义革命和建设时期，工会动员带领广大工人坚决响应党的号召，焕发国家主人翁精神，为建立和巩固人民当家作主的新政权、建立独立的比较完整的工业体系和国民经济体系而奋斗；改革开放和社会主义现代化建设新时期，工会坚持围绕中心、服务大局，团结动员广大职工为坚持和发展中国特色社会主义而奋斗。

党的十八大以来，全总和各级工会围绕国家重大战略、重大工程、重大项目、重点产业，组织职工广泛深入持久开展多种形式的主题劳动和技能竞赛，开展“小发明、小创造、小革新、小设计、小建议”等群众性创新活动；加强劳模、工匠和职工学习阵地建设，示范带动创建各级各类创新工作室8万多家；成功举办首届大国工匠创新交流大会，习近平总书记向大会致贺信；推荐多名一线工人获得国家科技进步奖，职工创新创造活力显著提升。扎实推进产业工人队伍建设改革，成立推进产业工人队伍建设改革工作领导小组，产业工人思想引领、建功立业、素质提升、地位提高、队伍壮大等改革措施有效落实，改革取得重要阶段性成效，产业工人在推进高质量发展中的主力军作用更加突出。

党的二十大擘画了以中国式现代化推进中华民族伟大复兴的宏伟蓝图，把宏伟蓝图变成美好现实，根本上要靠包括工人阶级在内的全体人民的劳动、创造、奉献。新征程上，工会必须牢牢把握为实现中华民族伟大复兴的中国梦而奋斗的我国工人运动时代主题，充分发挥工人阶级主力军作用，团结动员亿万职工为推进中国式现代化建功立业。围绕建设教育强国、科技强国、人才强国，深化产业工人队伍建设改革，抓好抓实职工素质提升工作，加快构建产业工人技能形成体系，推动健全落实高技能人才培养、使用、评价、激励、保障机制，畅通技能人才流动渠道，努力建设一支宏大的知识型、技能型、创新型产业工人大军，为推进中国式现代化提供坚实人才和技能支撑。

坚持以人民为中心的发展思想，扎实做好工会维权服务工作

党的二十大报告通篇贯穿人民至上的根本立场和以人民为中心的发展思想，强调“江山就是人民，人民就是江山”，强调“为民造福是立党为公、执政为民的本质要求”，对“增进民生福祉，提高人民生活品质”作出安排部署，充分体现了以习近平同志为核心的党中央矢志不渝、坚守初心的政治本色和深厚为民情怀，体现了我国社会主义制度的本质和优越性，顺应了历史发展大势和人民群众期盼。

习近平总书记指出，我们党的根本宗旨就是为人民群众办好事，为人民群众幸福生活拼搏、奉献、服务；要想人民之所想，行人民之所嘱，不断把人民对美好生活的向往变为现实；工会要认真履行维护职工合法权益、竭诚服务职工群众的基本职责，把服务职工、维护职工合法权益的大旗牢牢掌握在手中，哪里的职工合法权益受到侵害，哪里的工会就要站出来说话。扎实做好维权服务工作，是工会落实以人民为中心的发展思想、践行全心全意为人民服务根本宗旨的必然要求。

党的十八大以来，全总和各级工会认真履行基本职责，推动修改《中华人民共和国工会法》、《中国工会章程》，将工会基本职责拓展为“维护职工合法权益、竭诚服务职工群众”。助力落实“六稳”、“六保”任务，深入细致做好职工就业创业服务，推动就业优先战略和积极就业政策落实落地。以货车司机、网约车司机、快递员、外卖配送员等为重点，出台推进新就业形态劳动者建会入会和权益保障工作的指导性文件，大力推行“重点建、行业建、兜底建”模式，推进互联网百强企业建会，2021年度全国互联网百强企业全部实现建会突破，工会组织覆盖和工作覆盖取得阶段性进展，推动解决了一批新就业形态劳动者的急难愁盼问题。做优做强送温暖、金秋助学、阳光就业、职工医疗互助、工会法律援助等工作，开展提升职工生活品质试点，将20家工会帮扶中心和50家企业（工业园区）纳入全总试点单位，各省（区、市）和新疆生产建设兵团总工会开展省级试点。加强服务职工阵地建设，建设“劳动者港湾”、“爱心驿站”等工会户外劳动者服务站点10.58万个，累计投入资金18.66亿元。将城市困难职工解困脱困作为重点工作，主动融入党政工作大盘子，通过建档立卡、精准施策、强化评估、压实责任等具体举措，推动549.87万户困难职工家庭全部如期实现解困脱困。贯彻落实党中央国务院《关于构建和谐劳动关系的意见》，推动健全党政主导的维权服务机制，努力把劳动关系矛盾化解在基层、化解在萌芽状态。贯彻总体国家安全观，坚决维护劳动领域政治安全，加强相关工作体系建设，健全劳动关系风险监测、分析、研判、预防机制和职工队伍稳定风险排查化解机制，促进职工队伍团结统一与社会和谐稳定。

党的二十大对保障和改善民生、扎实推进共同富裕作出重要部署，为工会围绕中心、服务大局，履行好维权服务基本职责提供了重要契机。新征程上，工会必须始终坚持以职工为中心的工作导向，不断深化自身改革和建设，保持和增强政治性、先进性、群众性，有效发挥党联系职工群众的桥梁纽带作用。积极参与涉及职工切身利益的法律法规政策的制定修改，推动健全劳动法律法规体系。推动落实就业优先政策，推动健全就业促进机制，加强困难群体就业兜底帮扶，推动完善工资平等协商机制、正常增长机制、支付保障机制，健全向一线职工倾斜的分配制度，推动提高劳动报酬在初次分配中的比重，在促进共同富裕中更好发挥工会作用。积极推动完善以职工代表大会为基本形式的企事业单位民主管理制度，依法保障职工知情权、参与权、表达权、监督权，在发展全过程人民民主中保障职工民主政治权利。加快构建以普惠性服务和精准帮扶为重点的工会服务职工体系，着力提升质量和实效。巩固拓展城市困难职工解困脱困成果，推动解困脱困与提升职工生活品质有效衔接，健全困难职工家庭常态化帮扶机制，不断提高职工群众的获得感、幸福感、安全感。增强忧患意识、坚持底线思维，发扬斗争精神、增强斗争本领，密切关注降薪裁员、欠薪欠保、劳资纠纷、生活困难等可能引发的突出风险，积极推进“法院+工会+人社+司法”四方联动机制建设，推动构建和谐劳动关系，在维护企业和社会大局和谐稳定中更好发挥工会组织作用。

党的二十大吹响了新时代新征程奋勇前进的号角。我们要进一步增强学习领会贯彻落实党的二十大精神的自觉性和坚定性，找准工会贯彻落实党的二十大精神的切入点、结合点、着力点，切实把党中央提出的战略部署转化为工会的实际行动，充分展示工会在推进中国特色社会主义事业中的新担当新作为。

（本文系全国人大常委会副委员长、中华全国总工会主席王东明同志在2022年12月16日《求是》杂志发表的署名文章）

目 录

CONTENTS

第一章 工会网上工作的产生和发展

自1994年中国以64K国际专线接入国际互联网开始，网络逐渐成为全中国亿万人工作和生活中不可或缺的一部分，广泛应用、高度渗透的信息技术孕育了新的重大突破，在全球开启了一次具有全局性、战略性、革命性意义的数字化转型，推动了人类社会生产方式的变革、生产关系的再造、经济结构的重组、生活方式的巨变，极大地提升了人类认识世界和改造世界的能力。

当前，信息革命时代潮流与世界百年未有之大变局和中华民族伟大复兴战略全局发生历史性交汇，以互联网为代表的网络信息技术日益成为创新驱动发展的先导力量，网信事业面临着宝贵的历史机遇和广阔的发展前景。党的十八大以来，习近平总书记高度重视网络安全和信息化工作，就网信工作提出了一系列新思想、新观点、新论断，形成了内涵丰富、科学系统的习近平总书记关于网络强国的重要思想，为做好新时代网络安全和信息化工作指明了前进方向、提供了根本遵循。

工会网上工作是党和国家网信事业的重要方面，全国总工会高度重视工会网上工作，全国工会系统紧紧围绕党和国家工作大局及工会中心工作，矢志不渝地推进工会网上工作。早在“十二五”时期，工会系统主动将工会网上工作提上重要日程，用信息化驱动工会网上工作，信息化工作基础得到夯实，网上工作取得初步成效；“十三五”时期，工会系统积极推进工会信息化建设，逐步健全网上工作组织体系，初步建立网络宣传阵地，网上服务职工平台初具规模，运用信息技术支撑工作的能力日益增强，工会信息化工作迈出了新步伐；“十四五”时期，我国进入新发展阶段，工运事业和工会工作站在新的历史起点上，全国工会系统以习近平总书记关于网络强国的重要思想为指导，主动适应新机遇、新挑战，运用新思维、新手段、新技术，以智慧工会建设为目标，创新思路、完善举措，着力发挥信息化驱动引领作用，积极开创网上工会工作建设新局面，为全面建设社会主义现代化国家提供有力支撑和保障。

第一节　信息化时代的机遇和挑战

一、信息技术的发展现状与趋势

（一）信息技术快速发展及趋势

信息技术（IT）是主要用于管理和处理信息所采用的各种技术的总称，它主要是应用计算机科学和通信技术来设计、开发、安装和实施信息系统及应用软件。自20世纪90年代以来，一场以网络、大数据、人工智能为代表的新信息技术革命（相对以前以电报、电话、电视为代表的传统信息革命而言）在全世界产生了重大影响，深刻地改变了全人类的社会形态、面貌和运行机制。当前信息技术创新仍处于活跃期，创新成果的应用不断深化，人工智能、大数据、卫星通信、物联网、云计算等新一轮信息技术创新应用取得重大突破并向深层次发展。人工智能使得信息系统具有自我管理、自我运行和自我学习的能力；物联网的广泛应用使信息采集量成千上万倍地提升；大数据技术能够对大量、繁杂、多变的数据进行挖掘和系统分析处理；卫星互联网打破地形、地域等界限，将信息传播覆盖到地球的每一个角落；云计算使得信息系统朝大型化和微型化两方面发展。

总的来看，信息技术发展的总趋势是从典型的技术驱动发展模式向应用驱动与技术驱动相结合的模式转变，主要特点是：

第一，高速大容量。速度和容量是紧密联系的，随着要传递和处理的信息量越来越大，高速大容量是必然趋势。因此，从器件到系统，从处理、存储到传递，从传输到交换，无不向高速大容量的要求发展。

第二，综合集成。社会对信息的多方面需求，要求信息业提供更丰富的产品和服务。因此，采集、处理、存储与传递的结合，信息生产与信息使用的结合，各种媒体的结合，各种业务的综合，都体现了综合集成的要求。

第三，网络化。通信本身就是网络，其广度和深度在不断发展，计算机也越来越网络化。互联网渗透到人们生活的各个领域，并逐步引领新的生活模式。

第四，数字化。当前，全球数字化发展非常迅速，出现数字化世界、数字化地球等新概念。而数字化最主要的优点就是便于大规模生产、便于综合。

第五，智能化。工业和信息化的深度融合成为我国目前乃至今后相当长的一段时期产业政策资金投入的主导方向，以“智能制造”为标签的各种软硬件应用将为各行各业的各类产品带来“换代式”的飞跃甚至是“革命”，成为拉动行业产值的主要方向。“智慧地球”、“智慧城市”等基于位置的应用模式的成熟和推广，本质上是信息技术和现代管理理念在环境治理、交通管理、城市治理等领域的有机渗透。

随着基础性技术和前沿热点技术加快迭代演进，人工智能、区块链、云计算、量子信息等先进技术迸发创新活力，5G带动大数据、边缘计算、虚拟现实（VR）、增强现实（AR）等快速进步，以及元宇宙技术的出现和兴起，将在我们的工作和生活中发挥重要作用，在更深层次、更广范围加快推动数字化、网络化、智能化转型。

（二）信息化深刻改变世界

纵观世界文明史，人类先后经历了农业革命、工业革命和信息革命。每一次产业技术革命，都给人类的生产生活带来了巨大而深刻的影响。当前，信息革命正加速向各领域广泛渗透，对人类社会的生产方式、生产关系、经济结构、生活方式等产生了深刻影响。

第一，数据资源成为“新生产要素”。农业时代，土地是最重要的战略资源，国家、民族之间的战争几乎都围绕着争夺土地展开。工业时代，以煤炭、石油为代表的能源矿产成为最重要的战略资源，能源控制权往往成为各个国家争夺的焦点。进入信息时代，随着信息技术和人类生产生活交汇融合，互联网快速普及，全球数据呈现爆发式增长、海量集聚的特点，数据日益成为重要战略资源和新生产要素，对经济发展、国家治理、社会管理、人民生活都产生了重大影响，数据掌控能力日益成为衡量国家竞争力的关键因素。

第二，信息技术领域成为“新创新高地”。以互联网为代表的新一代信息技术是全球研发投入最集中、创新最活跃、应用最广泛、辐射带动作用最强的科技创新领域，是全球技术创新的竞争高地。移动互联网、大数据、云计算、物联网、人工智能、区块链等新兴技术加速向各领域渗透融合，深刻改变人们的生产生活方式，网络连接从人人互联迈向万物互联，技术应用从侧重消费环节转向更加侧重生产环节。

第三，互联网、工业互联网、物联网等信息技术成为“新基础设施”。传统基础设施带来的是“乘数效应”，而信息技术带来的是“幂数效应”。当前，全球网络信息技术正处于加速创新变革、信息基础设施快速演进升级的关键“窗口期”，人工智能、工业互联网、物联网、大数据中心等新型基础设施将对经济社会发展产生更为重要的推动作用。

第四，数字经济成为“新经济引擎”。信息技术创新的扩散效应、信息和知识的溢出效应、数字技术释放的普惠效应日益凸显，各国加紧发展数字经济，推动新技术向实体经济各领域渗透融合，使新技术成为促进生产力发展的重要因素，为经济长期持续增长提供了强劲内生动力，数字技术正从助力经济发展的辅助工具向引领经济发展的核心引擎转变。

第五，信息化成为“新治理手段”。新一代信息技术日新月异，为提升国家治理体系和治理能力现代化水平提供了有利条件。比如，移动互联网丰富了公共服务的渠道和范围，云服务为电子政务系统提供了更加灵活的建设和运维模式，大数据日益成为支撑政府科学决策、精准管理的重要工具。世界主要国家都把推进电子政务作为构筑比较优势、提升国家竞争力的战略举措，建设数字政府的步伐全面提速。

二、工会工作面临的新形势

（一）信息化带来的时代课题

党的十八大以来，以习近平同志为核心的党中央高度重视信息化工作，不断深入推进网络强国建设。党的十九大提出要推动互联网、大数据、人工智能和实体经济深度融合，加快数字中国、网络强国和智慧社会的建设；2019 年政府工作报告和中央经济工作会议分别强调要拓展“智能+”和大力发展数字经济；党的二十大报告关于建设网络强国、数字中国的战略部署，以及中共中央、国务院印发《数字中国建设整体布局规划》等，都表明当前及今后一段时间，我国信息化发展将会进入一个新阶段，信息技术将重塑经济社会发展模式。

“十四五”时期，随着我国进入新发展阶段，工运事业和工会工作站在新的历史起点上，工会工作的对象、领域、任务、方式、环境等出现新变化、呈现新特点，为推进工会网上工作、加快智慧工会建设带来了新机遇和新挑战。

第一，国际国内复杂多变的新形势为工会网上工作带来新挑战。从国内看，实现中华民族伟大复兴进入了不可逆转的历史进程，展现出光明前景。同时，随着我国经济社会深刻变革、利益格局深刻调整，各种深层次矛盾和问题不断显现，社会热点易发、多发、频发，改革发展稳定任务异常艰巨。从国际上看，世界面临百年未有之大变局，国际力量对比深刻调整，大国战略竞争日趋激烈，敌对势力加紧对我实施西化、分化战略和意识形态渗透，劳动领域意识形态风险增多，我国面临的外部环境日益错综复杂。越是在严峻复杂的形势面前，越是在艰巨繁重的任务面前，越需要我们充分发挥网络优势、加强网上职工思想政治引领，团结引领广大职工步调一致、同心同德，坚定不移听党话、矢志不渝跟党走，为实现第二个百年奋斗目标贡献力量。

第二，数字技术、信息技术迅猛发展的新趋势为工会网上工作带来新机遇。一方面，当今世界已进入数字化时代，数据成为全球经济中最活跃的要素，成为大国竞争的前沿阵地。加快数字化转型，创新宏观治理模式，是“十四五”时期我国增强大国竞争力、提升国家治理能力的战略重点之一。以数字经济、数字社会、数字政府为重点领域的数字中国建设正持续推进，为加快智慧工会建设、推动网上工会工作提供了难得的历史机遇。另一方面，新一轮科技革命导致传播格局深刻变革。移动应用、社交媒体、问答社区、网络直播、自媒体公号等新应用、新业态不断涌现，媒体格局和舆论生态正在重塑。互联网已经成为职工学习生活的新空间，成为获取信息、沟通交流的大平台，在带来极大便利的同时，也对职工思想观念、价值理念带来极大冲击，成为各类风险的传导器和放大器。我们必须科学认识网络传播规律，持续加强网上正面宣传，努力占据工会舆论制高点，使互联网这个最大变量成为推动工运事业和工会工作发展的最大增量。

第三，职工队伍和劳动关系新变化为工会网上工作带来新任务。随着数字经济、平台经济等产业加快发展，我国职工队伍规模不断扩大，特别是以货车司机、网约车司机、快递员、外卖配送员等为代表的新就业形态劳动者群体大量涌现，成为我国职工队伍的新生力量。据全国总工会第九次全国职工队伍状况调查显示，全国职工总数达 4.02 亿人左右，其中农民工 2.93 亿人、新就业形态劳动者 8400 万人。新就业形态劳动者群体的劳动关系、就业方式发生了深刻变化，具有组织方式平台化、工作机会互联网化、工作时间碎片化、就业契约去劳动关系化等特点。如何将他们吸引到工会组织中来，切实保障他们的合法权益，对加强工会网上工作提出了新的课题。同时，随着我国社会主要矛盾变化，职工群众的美好生活需要日益多元多样，这就要求我们必须适应职工群众的需求变化，利用网络手段和数字技术，聚焦维权服务精准发力，不断提高工作的针对性和实效性。

第四，工会工作高质量发展的新方向为工会网上工作带来新要求。习近平总书记强调，高质量发展是“十四五”乃至更长时期我国经济社会发展的主题，关系我国社会主义现代化建设全局。高质量发展不只是一个经济要求，而是对经济社会发展方方面面的总要求。面对工会工作对象更加多元、工作领域更加广泛、工作标准更高的形势，工会传统的工作理念、手段和方法正面临严峻挑战。我们必须坚持与时俱进、改革创新，努力在手段信息化、服务精准化、决策科学化上下功夫，加快构建智能化服务体系，持续促进信息技术应用能力和数据管理能力同工会工作各领域、各层级的融合发展。

（二）职工群众提出崭新要求

习近平总书记对做好群众工作始终高度重视。在2022年春季学期中共中央党校（国家行政学院）中青年干部培训班开班式上，习近平总书记发表重要讲话，强调要对群众有感情，真正把自己当作群众的一员、把群众的事当作自己的事。要深入研究和准确把握新形势下群众工作的特点和规律，改进群众工作方法，提高群众工作水平。习近平总书记的指示要求，对于我们全面分析当前群众工作的整体状况，清晰洞察新形势下群众工作面临的新情况和新问题，做好群众工作具有重要的指导意义。群众工作，是我们党的一项基础性工作。做好职工群众工作，最重要、最本质的是解决职工群众最关心、最直接、最现实的利益问题，满足群众的利益诉求。

新中国成立后，工会强调以生产为中心，生产、生活、教育三位一体，鲜明提出把保护职工的物质利益和民主权利作为工会组织的独特作用。改革开放以来，在社会主义市场经济条件下，工会作为职工利益代表者和维护者的身份更加明确，调整劳动关系、维护职工合法权益的任务更加突出。随着中国特色社会主义进入新时代，职工矛盾朝着新的方向不断发展，社会利益格局、社会组织形式、职工思想观念的变化，以及科技发展带来信息传播方式的变化等新情况，使职工群众的工作、生活诉求呈现更加广泛和深化的新特点，也对我们做好工会工作提出了新要求。

第一，职工意识观念改变，职工群众工作相对滞后。随着物质生活水平的提高，社会文化教育不断发展，知识、信息获取的途径逐步拓宽，使得职工群众的意识观念发生了深刻变化，对党和政府以及工会工作的要求变得越来越高。当前，工会的服务内容比较多，包括春送岗位、夏送清凉、金秋助学、冬送温暖、劳动竞赛、维权帮扶等，但这些服务的内容还远远不够，服务的内容和形式也亟须跟上网络时代。这就要求工会组织深化对职工队伍发展变化特点和规律的认识，研究解决职工多样化需求，创新工会工作方式，不断提高工作的针对性和实效性，切实把群众工作做扎实、做到位。

第二，经济利益多元化，职工群众追求更高价值体现。随着我国社会主义市场经济的不断发展和改革开放的持续深入，经济体制、经济成分、所有制结构、经营形式和分配方式等都发生了很大变化，致使职工队伍分化为工人、农民、知识分子、企业家、个体户、自由职业者等不同的社会阶层，而社会阶层分化必然导致利益主体的多元化，进而产生利益观念、利益关系、利益实现形式等的多元化。各阶层对利益追求的不同给工会工作带来了新挑战和新要求，要求我们必须跟紧时代步伐，不断扩大群众工作的深度和广度，既要解决好职工群众提出的根本性直接问题，又要解决好对群众的思想指引、价值导向等深层次问题；既要解决好群众最核心、最关心的劳动就业、权益保障、职工稳定等问题，又要解决好涉及群众个人的精神发展、价值体现等问题。

第三，职工群体出现开放性和独立性趋势，职工期望和要求更加务实。随着产业化和社会文化变迁的不断推进，职工工作的内外环境和工作模式都发生了很多变化，新技术、新技能的发展让职工职业发展呈现开放性和独立性的趋势，市场导向和个人价值需求成为影响职业流动的主要因素。新一代职工群体普遍关注自身生活质量的提高，追求理性化和个性化的消费与闲暇，观念更趋宽容和自由，恋爱、婚姻和家庭情感等需要更强烈，人格特征和角色特征更趋现代化。

当前，职工群体基于对自身价值的渴望和就业选择的期望，对工会工作提出了新要求，也给工会工作和群众工作带来了新挑战。工会组织要主动探索互联网时代群众工作的特点规律，一方面，工会干部要保持与群众面对面、心贴心的优良传统，沉下身子，走到田间地头、车间生产一线、街头巷尾，与群众拉家常、交朋友；另一方面，要适应互联网时代特点，做到哪里有群众，哪里就要有自己的组织，就要在哪里开展群众工作，强化互联网思维，坚持“线上”和“线下”相结合，不仅“面对面”，还要“键对键”，把互联网作为联系群众、服务群众的重要平台，创新互联网时代群众工作机制和方式方法，用好网络资源，运用网言网语，积极回应网民关切，把工作做到网上，探索“互联网+”方式方法，促进互联网和工会工作融合发展，打造群众工作升级版，把群众工作做到全方位、全天候、全覆盖。

第二节　以习近平总书记指示精神指引工会网上工作

一、习近平总书记关于工会网上工作的指示精神

党的十八大以来，以习近平同志为核心的党中央高度重视信息化工作，作出一系列重大决策、重要部署，提出一系列新思想、新观点、新论断，形成了习近平总书记关于网络强国的重要思想，推动我国网信事业取得历史性成就，使互联网这个最大变量变成了事业发展的最大增量。习近平总书记先后担任中央网络安全和信息化领导小组组长、中央网络安全和信息化委员会主任，多次就网信工作召开会议、集体学习、实地调研，强调要敏锐地抓住信息化发展历史机遇，自主创新推进网络强国建设。在习近平总书记的关心和指导下，我国相继制定出台《国务院关于积极推进“互联网+”行动的指导意见》、《国家信

息化发展战略纲要》、《“十三五”国家信息化规划》、《信息基础设施重大工程建设三年行动方案》、《网络强国战略实施纲要》、《数字经济发展战略纲要》、《“十四五”国家信息化规划》等多个文件，规范指导网信事业发展。

工会工作是党的群团工作、群众工作的重要组成部分，工会信息化工作是党和国家网信事业的重要方面，是服务党和国家工作大局、服务职工群众、服务工运事业的一项重要工作。2015 年 2 月，中共中央印发《关于加强和改进党的群团工作的意见》，要求打造网上网下相互促进、有机融合的群团工作新格局。2018 年 10 月，习近平总书记在同中华全国总工会新一届领导班子成员集体谈话时强调，要把网上工作作为工会联系职工、服务职工的重要平台，增强传播力、引导力、影响力。这些为工会做好网上工作指明了前进方向，提供了根本遵循。

增“三性”去“四化”。习近平总书记强调，要把竭诚为职工群众服务作为工会一切工作的出发点和落脚点，全心全意为广大职工群众服务。工会干部要重视群众工作，强化做职工群众工作的思想观念，增进对职工群众的感情，把自己当作职工群众的一员、把职工群众的事当作自己的事，坚持密切联系群众。要强化服务意识，提升服务理念和服务能力，想方设法、千方百计为困难职工办好事、办实事，把力量和资源更多地向基层倾斜投放，加大维权服务力度，让更多的职工群众从工会组织身上找到归属感、认同感。群众在工会身上得到实实在在的利益，才愿意跟我们走近，才愿意加入组织。工会干部要加强学习、增强本领，努力走在时代前列、走在职工群众前列，充分利用“互联网+”等服务手段，在经济社会发展最需要的地方、在企业生产一线、在职工群众的伟大实践中经风雨、见世面，努力把自己锤炼成听党话、跟党走、职工群众信赖的“娘家人”。

深化工会改革创新。以习近平同志为核心的党中央对群团工作和群团改革高度重视，对工会改革提出了明确要求，指明了改革方向。全国总工会作为中央群团机关改革试点单位，取得了明显成效。但是随着形势任务的发展变化，改革需要不断深化、不断完善，不能一蹴而就、一劳永逸。工会应该从政治上和全局上认真思考谋划工会改革创新问题，拿出务实的改革举措，更好地履行工会组织的职责使命，回应广大职工的关切和期待。当今世界正经历百年未有之大变局，国际政治经济格局处于深度调整变化之中，各种不稳定、不确定因素明显增多。与此同时，随着全球新一轮科技革命和产业变革的到来，尤其是信息技术的迅猛发展，互联网和数字经济的全面普及，整个社会结构和生产方式、生活方式、社会治理模式都发生了深刻的改变。企业组织形式、产业结构、就业形态呈现新的特点，职工群众的思想观念、利益诉求也发生了很大改变。工会工作必须跟上时代发展的潮流，适应形势的变化，工作理念、工作方法，包括我们的管理模式、运行机制，都要做到与时俱进，不断改革创新。比如，在新技术、新业态、新模式领域和各类平台企业就业的人员队伍越来越庞大，他们的劳动权益如何得到保障，如何有效吸引他们入会；又如，针对青年职工的思想特点，如何利用互联网和新媒体联系服务职工群众，增强职工思想政治引领的针对性、实效性；再如，如何应对外部环境变化对劳动关系和职工队伍稳定带来的冲击和影响，以及如何扎实有效推进产业工人队伍建设改革，如何有效防范和化解劳动领域政治安全风险等，这些问题都需要认真面对。只依靠传统的观念以及以往的经验办法，显然是行不通的，需要解放思想，拿出改革的举措和创新的思维，勇于担当，善于作为，对症下药，解决问题。

深化产业工人队伍改革。习近平总书记高度重视产业工人队伍建设改革，强调要加强产业工人队伍建设，加快建设一支宏大的知识型、技能型、创新型产业工人大军。2017 年，中共中央、国务院印发的《新时期产业工人队伍建设改革方案》明确指出，要运用互联网促进产业工人队伍建设，创新产业工人队伍建设网络载体，打造网络学习平台，推行“互联网+”普惠性服务。产业工人队伍建设改革的要求，对工会网上工作提出了新的课题。《新时期产业工人队伍建设改革方案》为工会网上工作提供了思路和方向，全国总工会印发了《贯彻落实〈新时期产业工人队伍建设改革方案〉》，制定了时间表、路线图、任务书，要求做好各项工作任务的落实。其中“创新网络载体”、“打造网络学习平台”、“互联网+普惠服务”三项任务，是工会网上工作部门的重要职责。如何利用网络手段服务职工群众，助力产业工人队伍建设改革，工会网上工作部门责任重大，必须以对事业高度负责的精神和扎实认真的工作作风，主动作为，做好网络基础建设、网络舆情管控、网络文化塑造等工作，为产业工人队伍建设提供有力的技术支持和网络保障。

二、全国总工会关于工会网上工作的要求部署

全国总工会一直以来非常关注、重视、支持工会网上工作，始终把工会网上工作摆在重要位置来抓，就推动工会网上工作、加快建设智慧工会提出明确要求，为推进新时代工会网上工作指明了正确方向，注入了强大动力。

突出顶层设计。全国总工会高度重视工会网上工作顶层设计，强化工作统筹规划。“十二五”时期，制定出台《全国工会系统信息化发展规划（2014—2018 年）》，强调要按照国家信息化发展战略及党委系统信息化工作部署，以业务需求为主导，统筹兼顾各地实际，制定发展规划，协调指导工会系统信息化建设。“十三五”时期，推动实施《全国工会网上工作纲要（2017—2020 年）》，强调要充分运用移动互联、云计算、

大数据和人工智能等网络信息技术，推动互联网在工会的广泛应用和融合发展，构建“互联网+”工会服务职工体系。“十四五”时期，编制印发《全国工会网络安全和信息化“十四五”规划（2021—2025 年）》，强调要形成“一个引领、两化协同、三大体系”的发展格局，建设全国工会逻辑统一的大数据系统和服务平台，实现全国智慧工会建设“一张网”。全国总工会多次在执委会报告中都提到工会网上工作的重要性，要求下大力气做好工会网上工作，强调工会网上工作要做到契合党中央要求、各级工会希冀、职工会员期待和信息化技术发展的交汇点，走出一条充分彰显工会主责主业和特色优势的信息化建设之路。2023 年 2 月 13 日，全国总工会在十七届七次执委会议上再次指出工会网上工作的重要性，强调要扎实推进智慧工会建设，按照管用、善用、安全的基本原则，加强统筹指导和应用，建设逻辑统一、安全可靠、覆盖全国、互联互通的大数据系统和服务平台，促进互联网和工会工作融合发展，构建工会网上工作新形态。

突出宏观指导。全国总工会高度重视指导推动地方工会网上工作。2019 年 4 月 11 日，全国总工会在湖北召开工会工作调研座谈会，该会议首次就智慧工会建设作出比较系统的阐述，强调要加强工会网络平台的建设，打造新型传播平台，建成新型主流媒体，占领短视频阵地，推动工会组织工作上网、服务上网、活动上网。充分运用现代信息技术和手段，进一步整合优化现有业务应用系统功能，建设实名动态、全面覆盖、安全共享的工会大数据。在各地已经积累经验、取得成效的基础上，早日建成完善的网上工会、智慧工会体系。全国总工会先后多次召开工会网上工作研讨会，举办全国工会网上工作培训班，介绍全国总工会网上工作进展情况和工作思路，听取地方工会网上工作情况汇报，就各地工会网上工作开展的现状、遇到的问题以及对全国总工会开展网上工作的意见建议等，对做好工会网上工作提出明确要求。此外，全国总工会加强与中央网信办相关部门合作交流，指导地方工会开展“网聚职工正能量 争做中国好网民”主题活动和国家网络安全宣传周活动，提升地方工会网上工作水平。

突出调查研究。全国总工会高度重视把握工会网上工作规律性认识，强化工作调研，多次就推动工会网上工作、加快建设智慧工会开展专题调研指导，提出明确要求，强调要加强工作统筹，强化工作领导，把工会网络安全和信息化建设作为一把手工程，进一步加强谋划，整合资源，加大各方面投入力度，创新模式和机制，推进工会网上工作。对在调研过程中发现的地方工会网上工作的创新实践，给予及时指导肯定；对在调研过程中发现的地方工会网上工作存在的困难问题，及时研究解决，极大地推动了地方工会网上工作创新发展。与此同时，全国总工会在研究制定工会网上工作制度文件时，注重调查研究，通过调研了解地方工会网上工作情况，深入研究全国工会网信建设的全局性、前瞻性、关键性问题，研究不同时期全国工会网信工作主要特点和主要目标，确保工会网上工作规章制度科学合理。

第三节　工会网上工作的发展阶段

全国总工会党组、书记处高度重视工会系统网络安全和信息化工作，加强工作统筹规划，成立专门工作机构，出台指导性文件，不断推动工会网上工作走向深化。

一、工会网上工作的起步阶段

全国总工会领导同志高度重视工会系统信息化工作，屡次在全国性会议上提到信息化建设相关内容，要求各级工会从服务党和国家工作大局与工会工作全局的高度出发，加强工会信息化建设，加快信息化建设步伐。

（一）工会信息化工作提上日程

2004年，全国总工会以推进工会信息化建设为主题，召开全国工会秘书长办公室主任座谈会，会议指出：做好新世纪新阶段的工会工作，团结动员广大职工在全面建设小康社会的伟大事业中发挥主力军作用，必须高度重视信息化建设，大力推进信息化发展战略，充分发挥信息化在推进工会全局工作中的重要作用。座谈会对加强工会系统信息化建设的重要意义、总体要求、工作任务、指导原则、建设重点等作了集中阐述。之后，全国总工会召开的历次全国工会秘书长办公室主任会议和信息网络管理人员培训班，都结合新的形势和任务对信息化工作提出了新要求。

2009年6月，全国总工会对信息工作机构作出调整，恢复办公厅信息处设置，同时成立了全国总工会信息中心，承担起工会政务信息编报和信息化建设工作，全国总工会的信息化人员队伍得到充实。与此同时，各省（区、市）总工会也相继设立信息化工作专门机构，绝大部分省级总工会成立了以主要负责同志为组长的信息化工作领导小组，具体工作由省级总工会办公室和信息中心负责。各级工会注重调整职责分工、理顺工作关系，进一步整合了信息化工作力量，充实了信息化工作人员队伍，为推动工会系统信息化工作创新发展创造了良好条件。

2014年3月，《全国工会系统信息化发展规划（2014—2018年）》正式出台，明确了全国工会系统信息化建设的指导思想、工作原则、总体目标、主要任务和保障措施，为工会信息化工作发展指明了方向，标志着工会信息化建设分步实施被提上日程。

（二）工会信息化工作取得初步成效

在各级工会的共同努力下，工会系统信息化建设取得了较快的发展，在工会工作中发挥了重要作用。

1. 全国工会系统网站体系初步形成。

2002年“五一”国际劳动节前夕，全国总工会门户网站正式开通，同步建成全国工会工作平台。经过多年建设，包括各级工会门户网站、业务工作网站和新闻宣传网站的全国工会系统网站体系初步建成。在工会门户网站建设方面，以全国总工会门户网站为龙头，以全国各产业工会和各省（区、市）总工会门户网站为骨干，以县级以上工会门户网站为主体的全国工会系统门户网站群逐步建成并投入使用。同时，全国总工会相继建成并投入运行多个工会业务工作网站，陆续建成全国职工素质建设工程网等工会业务网站，工会各项网上业务有序开展。中国工会十五大召开前夕，大型综合性新闻网站——中工网正式开通。在此前后，各地的工会网络媒体大量涌现，一大批综合性新闻网站相继建成。

2. 信息化基础设施建设和软件开发应用稳步推进。

2009年11月，全国总工会办公厅和国家信息中心联合下发通知，决定利用国家电子政务外网连接各省、自治区、直辖市总工会，建设全国工会系统政务外网工作平台，开展全国工会系统工作动态等各种业务应用。“十二五”时期，全国总工会完成了全国工会工作平台和各业务应用系统向国家电子政务外网的迁移，省级以上工会政务外网的连接也基本完成。一批全国性业务应用系统相继建成，如全国工会统计年报调查系统、基层组织建设工作管理系统、工会帮扶工作管理系统等。

3. 建立健全工会信息安全保障体系。

全国总工会严格按照国家相关规定，夯实信息化基础建设，落实信息系统安全机制，保障了机关信息系统持续安全稳定运行。重大节庆期间，实行24小时值班制度，制定网络与信息安全应急处置预案，加强网站及重要业务系统的安全管理和应急处置。配合国家有关部门做好网站及重点业务系统的安全检查工作。部署安全设备，加强网络边界安全防护。按照政务外网建设标准和公安部要求，对各业务系统进行定级备案、等级测评、系统测试、安全建设整改及实施等。2014年，全国总工会制定印发《中华全国总工会办公厅关于加强全国工会系统网站安全管理的通知》，进一步提高全国工会系统网站安全防护水平，保障和促进工会系统网站建设健康发展。与此同时，在全国总工会的指导下，各地方工会越来越多地将业务软件系统部署在国家电子政务外网，并同步建设安全认证和信息保护体系，利用国家电子政务外网的数字证书和安全密钥进行身份双因子认证，实现信息的加密传输以及反抵赖、防篡改等功能，为重要信息系统达到国家信息安全等级保护标准创造了必需的基础条件。

4. 探索构建工会信息化标准规范体系。

2015年，全国总工会对北京、贵州、新疆、厦门、宁波、宜昌等地服务职工工作开展情况进行调研，深入了解地方工会会员信息基础数据库建设经验。2016年底，全国总工会在工会统计数据库及基层组建管理系统数据库的基础上，以“定制度、出标准、汇数据”为指导原则，结合全国总工会信息系统建设实际，印发了《全国工会会员管理信息系统指标体系与数据结构（试行）》。这是全国总工会层面第一份关于信息化标准的文件，为指导建立全国统一的会员信息基础数据库奠定了基础。

二、工会网上工作的探索阶段

“十三五”时期，根据党中央决策部署，围绕党和国家工作大局及工会中心工作，为适应信息技术发展趋势，各级工会积极推进工会网上工作，大力开展网络安全和信息化工作，工会网上工作组织体系逐步健全，网络宣传阵地初步建立，网上服务职工平台初具规模，运用信息技术支撑工作的能力日益增强，网络安全和信息化建设取得了初步成效，有力推动了工会工作创新发展。

第一，网上工作统筹规划不断加强。时代在发展，事业在创新，工会工作也要与时俱进。2016 年，全国总工会在机构改革中专门成立了网络工作部，负责指导和推进全国工会网上工作。全国各省（区、市）总工会均成立了网络安全和信息化领导小组，7 个省成立了网络工作部，15 个省成立了宣教网络部或社联网络部，9 个省的网络信息化工作由办公室、网络服务中心等机构负责。从实践和探索情况看，工会网上工作全面步入常态化，工会机构改革释放的机制体制优势已经转化为强大的工作效能，工会网上工作顶层设计得到完善。全国总工会网络工作部和信息中心自觉将网上工作放到党和国家网信工作大局中谋划思考，积极按照网上工会工作调研论证，努力做好工会系统“一张网”建设的顶层设计。“十三五”时期，推动实施《全国工会网上工作纲要（2017—2020 年）》，强化“互联网+”工会顶层设计，推进上下级工会组织间互联互通，逐步形成全总主导、地方跟进、产业参与、协同互动、线上线下有机结合的工会网上工作体系。各地工会也纷纷出台相关工作规划制度，有效推动了工会工作创新发展。

第二，网上工作交流指导日益深化。全国总工会加强与相关部门的交流合作，自 2016 年 12 月与中央网信办联合开展“网聚职工正能量 争做中国好网民”主题活动以来，坚持每年联合开展活动，将主题活动和工会网上工作密切结合，一起部署、一体推进，实施项目化运作，组织动员广大职工和基层组织广泛参与，取得丰硕成果，办出了鲜明的“工”字特色。目前，该主题活动已成为工会网上工作的有力抓手，成为各地工会组织走好网上群众路线的响亮品牌。此外，全国总工会还通过培训班以及到各地调研指导和授课，积极培训基层工会干部，有力指导和推动地方工会开展网上工作。

第三，网上思想政治引领持续强化。各级工会积极开拓新媒体宣传阵地，走好网上群众路线，入驻微博、微信等社交平台和短视频平台，大力弘扬劳模精神、劳动精神、工匠精神，传递正能量。例如，全国总工会从2017年开始作为主办单位参与国家网络安全宣传周活动，全国总工会网络工作部具体组织做好国家网络安全宣传周有关工作，并将此项工作列入部门年度重点工作进行推进，通过印发活动通知，精心组织、层层发动，要求各级工会在国家网络安全宣传周期间集中组织开展网络安全宣传教育活动，扩大了工会的传播力、影响力。

第四，网上平台建设实效逐渐显现。各级工会运用信息技术的水平不断提高，在赋能工会工作、服务职工方面发挥了积极作用；搭建了涵盖网上入会、法律服务、技能培训、帮扶服务、劳动就业、普惠服务等内容的网上服务职工平台，特别是培育出一批示范效应好、带动作用强的网上普惠服务特色品牌，打造了方便快捷的服务职工新通道。各省（区、市）总工会基本建成工会组织和会员实名制数据库，应用系统建设力度加大，在支撑工会业务、内部办公等方面取得了明显成效，促进了工会组织的高效运转。

第五，信息基础设施建设稳步推进。工会系统网络建设取得较大进展，各级工会充分利用互联网资源，联通电子政务网络，工会业务和服务网络化初见成效；出台工会数据标准和信息系统技术规范，为实现数据互联互通奠定了基础；网络安全防护体系进一步建立健全，安全防御能力持续增强。

三、工会网上工作的创新阶段

（一）以建设智慧工会为目标

“十四五”时期，我国工会网上工作迎来重大机遇，也面临数字化转型、服务升级等挑战。为更好地融入国家网络信息化发展的新格局，推动工会工作高质量发展，全国总工会编制《全国工会网络安全和信息化“十四五”规划（2021—2025 年）》（以下简称《规划》）及其总体建设方案。基于对工会网信工作发展现状与形势的深入研判，《规划》明确“十四五”时期全国工会网络安全和信息化发展的指导思想，即坚持以习近平新时代中国特色社会主义思想为指导，深入学习贯彻习近平总书记关于工人阶级和工会工作的重要论述、习近平总书记关于网络安全和信息化工作的重要论述，紧紧围绕党和国家工作大局及工会中心工作，充分发挥工会组织在推进国家治理体系和治理能力现代化中的积极作用，坚持高标准、集大成，围绕思想引领、建功立业、维权服务、改革创新等方面工作，以服务职工、服务基层工会组织为主线，以职工实名制精准服务为抓手，以推动建设逻辑统一、覆盖全国的大数据系统和服务平台为着力点，以数据集中和共享为途径，强化创新意识，注重长效机制，加快推进智慧工会建设，打通联系服务职工群众“最后一公里”，提升工会治理能力和服务水平，推动工会工作高质量发展，为开创中国工运事业和工会工作新局面提供有力支撑。

（二）从电子化阶段向网络化、数字化阶段发展

我国电子政务建设起步于 20 世纪 80 年代的办公自动化系统建设，从应用和技术的视角看，我国电子政务逐渐从电子化阶段向网络化、数字化阶段发展。在电子化阶段，主要是开展政府网站、政府内外网络和政务核心业务信息化建设；网络化

阶段，开始建设政府内部办公和面向公众的信息网络系统；数字化阶段，电子政务建设的内容和作用发生了根本性变化，已然成为推动国家社会治理体系和治理能力现代化的重要手段。当前，全国总工会以智慧工会建设为目标，着力打好业务协同、数据共享和系统互联的基础，以重点应用带动工会数字化工作整体提升，以数字化工作推动工会业务流程再造，加快实现工会业务电子化、网络化、数字化。

第一，思路上以服务职工、服务基层工会为出发点和落脚点。在服务职工层面，坚持以职工为中心的工作导向，聚焦提升职工生活品质，创新网上普惠服务模式，健全完善服务系统功能模块，提高与职工生产生活的关联度；大力推行网上服务精准化，为广大职工提供更加方便快捷、更高标准和更具个性化的服务。突出做好货车司机、网约车司机、快递员、外卖配送员等新就业形态劳动者群体入会和维权服务工作，最大限度地扩大组织覆盖、工作覆盖、服务覆盖；要构建工会网上服务评价体系，不断提升工会服务平台用户的活跃度、满意度。在服务基层工会层面，注重信息化系统规划设计的开放性，在确保数据安全的基础上，推动数据、平台向基层工会开放，实现资源和数据共享，为各级工会组织开展网信业务提供技术支持，丰富服务手段。

第二，载体上以打造逻辑统一、覆盖全面的大数据系统和服务平台为支撑。《规划》的总体思路是以数字驱动为核心引领，深入推进工会治理数字化、服务智能化协同发展，构建“大数据+”工会治理能力提升体系、“互联网+”工会服务应用创新体系、“云计算+”工会网信基础支撑体系，形成“一个引领、两化协同、三大体系”的发展格局，建设全国工会逻辑统一的大数据系统和服务平台，实现全国智慧工会建设“一张网”。其中，最根本最基础的就是要建设逻辑统一、覆盖全国的大数据系统和服务平台。这是开展工会网上工作、建设智慧工会的重要载体和基本依托。在充分运用现有信息化体系的基础上，加快推进数字化转型、革命性重构、流程性再造；加强各级工会之间的信息化互联互通，以工会组织和工会会员实名制数据为突破口，对工会大数据资源体系统一规划，推动工会系统数据信息有机衔接、互通共享和深度利用，为加强工会会员管理、精准服务、业务协同、宏观决策提供有力的技术和数据支撑。

第三，路径上以互联网、云计算、大数据、人工智能、区块链等新一代信息技术为依托。一是移动互联网的发展，为工会联系职工群众提供了便捷渠道。通过构建多端统一的服务平台，特别是支持各类移动端接入，大大增强职工群众查询信息、获取服务、素质提升以及维权保障等服务的可得性。二是云计算、大数据与人工智能的发展为智能化管理与精准化服务提供了技术手段。云计算、大数据、人工智能、区块链等相关领域的发展，理论建模、技术创新、软硬件升级等整体的推进，正在引发链式突破，推动经济社会各领域向数字化、网络化、智能化加速跃升，为实现工会数据分析研判、管理决策、提高治理能力和水平提供有力的技术支撑。三是信息安全技术的发展为工会信息化筑起牢固防护墙。密码技术、云安全、安全态势感知、主动防御等前沿技术将更好地保护工会信息资源免受各种类型的威胁、干扰和破坏，将对工会安全保障体系建设起到重要支撑作用。

第四，导向上以构建政治正确、应用广泛、安全发展的良好格局为关键。一是突出政治导向，深耕宣传内容，提升传播效果，加大对习近平新时代中国特色社会主义思想的宣传力度，加大对党史、新中国史、改革开放史、社会主义发展史的宣传力度，切实增强职工群众对党的创新理论的政治认同、思想认同、情感认同；要走好网上群众路线，紧扣工会工作重点、职工关注热点，使用“网言网语”，通过多样方式来“引关圈粉”，密切与职工群众的联系。二是增强政治敏锐性和预见性，大力加强网评队伍建设，适时发出工会声音，在复杂舆论环境中占据舆论引导、思想引领的制高点。要突出应用导向。坚持以重点应用促进工会信息化建设，着力打造以媒体宣传、就业服务、技能提升、法律维权、职工帮扶、文化服务为重点的网上服务应用，推动工会工作流程再造、业务功能延伸和领域拓展，形成相互支撑、相互协作、数据共享、网络互联的生动局面。三是突出安全导向，要统筹发展和安全，坚持底线思维，增强忧患意识、风险意识，将网络安全与信息化同谋划、同部署、同推进、同实施，构建立体化、系统化网络安全综合保障体系，不断提高网络安全事件应急指挥能力和工会信息基础设施网络安全防护能力。

第五，机制上以强化组织领导、人才队伍、经费支持、考核激励为重点。做好“十四五”时期工会网上工作，需要各级工会组织的共同努力。各级工会要加强组织领导，把网上工作纳入工会工作的总体部署，加强统筹协调，整合各方资源，积极争取党委领导、政府支持，深化与各级网信等部门的交流合作，进一步健全完善协调联动机制，形成推进合力。强化人才队伍建设，努力培养打造一支既熟悉工会业务又懂得网络信息技术的专业骨干队伍。加强资金保障，为信息化项目建设、运维、运营提供持续性资金支持。要强化考核激励，建立健全科学的考核评价监督机制。

思考题：

1. 在信息化时代，工会网上工作面临哪些挑战？
2. 工会网上工作的发展主要经历了哪几个阶段？
3. 智慧工会的内涵有哪些？

第二章　智慧工会建设

全国总工会高度重视工会网上工作发展，提出新发展阶段工会工作要以信息化推进工作方式改进创新，满足职工群众新期待，推动工会工作高质量发展。新的历史使命赋予工会数字化转型鲜明的时代特征。《中国工运事业和工会工作“十四五”发展规划》提出，加快智慧工会建设，打造工会工作升级版。在构建工会治理能力提升体系、工会服务应用创新体系、工会网信基础支撑体系以及巩固发展工会网上舆论阵地等方面规划了蓝图。

智慧工会是工会网上工作的数字化、智能化形态，是以信息技术、网络技术、大数据、云计算、人工智能等创新驱动为引领，帮助工会提升履职能力和服务水平、走好网上群众路线的服务与支撑体系。加快智慧工会建设是深入贯彻落实习近平总书记在中央党的群团工作会议上的重要讲话精神的要求，是新时代工会工作主动适应数字化、智能化技术发展以及职工需求变化的迫切需要，也是“十四五”时期工会深化改革创新的重要内容。智慧工会的建设和长期发展，主要依托于运维运营一体化的新模式探索，以及匹配专业化人才队伍建设等相应的机制。

第一节　基本概念

随着网上工作、掌上生活融入日常点滴，中国信息化、数字化的土壤已经成熟。互联网引领了社会生产新变革，创造了人类生活新空间，拓展了国家治理新领域，同时给人类社会、经济、政治、文化、生活等各个方面带来前所未有的新挑战，世界格局也由此发生深刻变化。可以说，谁掌握了互联网，谁就把握住了时代主动权；谁轻视互联网，谁就会被时代所抛弃。正因如此，习近平总书记反复强调：“过不了互联网这一关，就过不了长期执政这一关。”智慧工会的概念，正是在这样的背景下催生的。

一、智慧工会的产生和发展

2015 年 7 月 6 日，习近平总书记在中央党的群团工作会议上就群团组织通过网络走好群众路线提出明确要求。2016 年 4 月 19 日，在网络安全和信息化工作座谈会上，习近平总书记进一步指出，“各级党政机关和领导干部要学会通过网络走群众路线”，“善于运用网络了解民意、开展工作，是新形势下领导干部做好工作的基本功。各级干部特别是领导干部一定要不断提高这项本领”。建设智慧工会，既是党中央对党的群团工作的要求，也是新时代工会工作主动适应网络信息技术发展创新的迫切需要。

2018 年 10 月 29 日，习近平总书记在中国工会十七大闭幕后与全国总工会新一届领导班子集体谈话时强调，要把网上工作作为工会联系职工、服务职工的重要平台，增强传播力、引导力、影响力。

中国工会十七大报告中明确提出，积极建设智慧工会。强化互联网思维，运用大数据、云计算、物联网、人工智能等手段推进工会工作，促进互联网和工会工作融合发展，构建网上工作平台，打造工会工作升级版。强化“互联网+”工会顶层设计，加强通用平台建设，推进上下级工会组织间互联互通，逐步形成全总主导、地方跟进、产业参与、协同互动、线上线下有机结合的工会网上工作体系。

为推进智慧工会建设，全国总工会制定《全国工会网上工作纲要（2017—2020 年）》，提出要提高工会网络体系规划建设的整体性和科学性，走好网上群众路线，打造网上网下相互促进、有机融合的工作新格局；加强工会网络平台的建设，打造新型传播平台，建成新型主流媒体，占领短视频阵地，推动工会组织工作上网、服务上网、活动上网；充分运用现代信息技术和手段，进一步整合优化现有业务应用系统功能，建设实名动态、全面覆盖、安全共享的工会大数据；在各地已经积累经验、取得成效的基础上，早日建成完善的网上工会、智慧工会体系。

二、智慧工会的定义

2019 年 4 月 11 日，全国人大常委会副委员长、中华全国总工会主席王东明在湖北省工会工作座谈会上首次就智慧工会建设作出比较系统的阐述：加强工会网络平台的建设，打造新型传播平台，建成新型主流媒体，占领短视频阵地，推动工会组织工作上网、服务上网、活动上网。充分运用现代信息技术和手段，进一步整合优化现有业务应用系统功能，建设实名动态、全面覆盖、安全共享的工会大数据。在各地已经积累经验、取得成效的基础上，早日建成完善的网上工会、智慧工会体系。

2020 年 4 月 10 日，在全国总工会十七届三次执委会议上，王东明又进一步指出，要加快打造智慧工会，坚持高标准、集大成，开发全国统一的工会服务职工 App，实现全国“一张网”，发挥网上工会、智慧工会的最大效能。

走好网上群众路线，在信息化时代筑牢党执政的阶级基础和群众基础，是建设智慧工会的初衷，也是最终目的。这也意味着，智慧工会绝非简单的上网工会或网上工会，也非信息化初期阶段大家所认知的“互联网+工会”，其本质是工会在信息化、数字化时代全面的、立体式变革，是广义的“工会+互联网”。

建设智慧工会需在牢牢把握增强政治性、先进性、群众性原则的基础上，立足工会主责主业，从政治、经济、社会、文化、网络空间、信息技术等多维度出发，并系统性地加以统筹和构建。

《全国工会网络安全和信息化“十四五”规划（2021—2025年）》明确指出，要以数字驱动为核心引领，深入推进工会治理数字化、服务智能化协同发展，构建“大数据+”工会治理能力提升体系、“互联网+”工会服务应用创新体系、“云计算+”工会网信基础支撑体系，形成“一个引领、两化协同、三大体系”的发展格局，建设全国工会逻辑统一的大数据系统和服务平台，实现全国智慧工会建设“一张网”。

据此，智慧工会在呈现上，可以抽象浓缩为“逻辑统一、覆盖全国的大数据系统和全国工会服务平台”；在深层次，则是通过“大数据+”、“互联网+”、“云计算+”，构建起工会的治理能力提升体系、服务应用创新体系、网信基础支撑体系，巩固发展工会网上舆论阵地。

三、智慧工会与逻辑统一

构建逻辑统一、覆盖全国的大数据系统和全国工会服务平台，关键在于对逻辑统一的理解是否到位。逻辑统一绝非仅限于物理概念和管理体系意义上的逻辑统一，而应着眼于工会作为具有纵向到底、横向到边的规模组织体系特点的群团组织，相对其他垂直管理的政府部门的独具优势，在逻辑统一上的呈现。其至少体现在以下方面。

（一）业务逻辑统一

业务逻辑统一，并不是各级工会所有的业务都是绝对统一的，而是逻辑层面的统一。这里强调的是各级工会的主责主业，从全国总工会、省总工会、市总工会，到区县、镇街、基层工会各自的业务侧重点。对于全国总工会，作为领导机关，其业务逻辑的重点是构建全国工会的协同服务的统一入口，提供各下级工会可以调用的共性能力，调度全国层面的资源，而最为基础的是实现维护职工合法权益、竭诚服务职工群众的基本职责，这样就与其他各级工会在协同办公和职工服务上实现了衔接，在业务逻辑层面实现了统一。

（二）数据逻辑统一

数据逻辑统一，是在全国工会系统间实现数据资源管理和应用的逻辑统一。各级工会关于数据资源的管理并不相同，基层工会的重点在于会员、组织、干部，以及在工会运行和职工服务过程中产生的基础数据资源；全国总工会层面的重点在于落实党中央赋予工会的任务，从更高维度抽象出政治性、先进性、群众性的数据资源，形成思想政治引领、职工维权工作、产业工人队伍建设等领域的专题数据成果和重点数据成果，为党中央关于工运事业和工会工作的决策提供数据支撑，但这些不同的数据资源又互相补充，形成完整的工会大数据系统，这样就与各级工会共同构成了数据逻辑层面的统一。

（三）技术逻辑统一

技术逻辑统一，并不是要求各级工会采用某一个技术或某一个产品，而是在全国工会构建一个开放融合的工会系生态。全国总工会鼓励各级工会为职工群众提供“百花齐放”的服务，并为各级工会提供“云脑”应用市场作为生态载体，通过应用市场提供可供各级工会按需调用的基础性的管理类和服务类应用，推动各级工会的数字化集约化建设，并通过运营不断聚集优质应用、优秀生态企业，通过职工（会员）数字身份体系实现跨地域、跨组织互通互认功能，这样就与各级工会共同构成了技术层面的逻辑统一。

（四）标准逻辑统一

标准逻辑统一，是从全国工会视角对工会标准化工作在体系规划和重点标准化对象方面的统一。全国总工会负责全国工会在“十四五”或更长时期内标准体系的总体规划，为全国工会制定标准化工作指南，指导各级工会应用、衍生工会信息化标准；在此基础上，对重点标准化对象包括数据资源目录、数据共享交换、实名制会员数据、应用遴选与分发等编制全局性的标准，省级工会围绕全国总工会的信息化标准和本省工作制定用于服务信息化项目建设、基层管理与服务的衍生扩展标准，这样便与各级工会共同构成了标准层面的逻辑统一。

（五）保障逻辑统一

保障逻辑统一，当前还不能彻底地体现为各级工会对大数据系统和服务平台在组织保障、资金保障、资源保障等方面的统一，但从《中国工运事业和工会工作“十四五”发展规划》和《全国工会网络安全和信息化“十四五”规划（2021—2025年）》层面，优先驱动的是各级工会对大数据系统和服务平台在目标认知和工作规律上的保障。全国总工会通过网信“十四五”项目一期工程试点工作进一步与各省总工会联结，持续宣贯和引导各级工会投入保障，逐步构成保障层面的逻辑统一。

综上所述，全国各级工会以业务逻辑为牵引，数据逻辑为驱动，技术逻辑为支撑，标准逻辑为规尺，保障逻辑为依托，5大逻辑相辅相成，共同实现覆盖全国的工会大数据系统和服务平台的逻辑统一，进而推动全国智慧工会建设。

第二节　总体建设思路

一、指导思想

“十四五”时期是我国全面建成小康社会、实现第一个百年奋斗目标之后，乘势而上开启全面建设社会主义现代化国家新征程、向第二个百年奋斗目标进军的第一个五年。坚持以习近平新时代中国特色社会主义思想为统领，聚焦保持和增强政治性、先进性、群众性，围绕进入新发展阶段、贯彻新发展理念、构建新发展格局，围绕推动高质量发展，围绕推动保障和改善民生，履行维权服务基本职责，参与加强和创新社会治理，维护社会和谐稳定，团结动员广大职工建功立业，为全面建设社会主义现代化国家开好局、起好步贡献力量。

云计算、大数据、区块链、人工智能、虚拟现实等新一代信息技术快速演进，网络化连接、数据化驱动、融合化发展将持续催生管理新手段、服务新模式，为新时代工会工作创新发展提供了新思路、新机遇、新挑战。新一代信息技术加快渗透到职工群众生产生活的方方面面，对社会治理和服务模式产生广泛而深刻的影响。工会网络安全与信息化建设迎来前所未有的重大机遇，也面临着数字化转型、服务升级等诸多挑战。于危机中育先机、于变局中开新局，积极适应职工队伍规模结构、就业方式、分配方式、利益诉求、思想观念的深刻变化，各级工会要积极适应新技术、新业态、新模式背景下劳动关系的深刻调整，运用新思维、新手段、新技术着力优化工会网络安全和信息化发展环境，增强工会网络安全和信息化发展能力，推动工会自我变革、推进工作方式创新发展，增进工作的系统性、整体性、协同性，使工会信息化应用成效持续提升、职工群众满意度不断提高，努力在新发展阶段开创工会网络安全和信息化工作的新局面。

工会网络安全和信息化工作要坚持以习近平新时代中国特色社会主义思想为指导，全面贯彻党的二十大精神，深入学习贯彻习近平总书记关于工人阶级和工会工作的重要论述、习近平总书记关于网络安全和信息化工作的重要论述，紧紧围绕党和国家工作大局及工会中心工作，充分发挥工会组织在推进国家治理体系和治理能力现代化中的积极作用，坚持高标准、集大成，围绕思想引领、建功立业、维权服务、改革创新等方面工作，以服务职工、服务基层工会组织为主线，以职工实名制精准服务为抓手，以推动建设逻辑统一、覆盖全国的大数据系统和服务平台为着力点，以数据集中和共享为途径，强化创新意识，注重长效机制，加快推进智慧工会建设，打通联系服务职工群众“最后一公里”，提升工会治理能力和服务水平，推动工会工作高质量发展，为开创中国工运事业和工会工作新局面提供有力支撑。

二、基本原则

（一）坚持加强党的全面领导

全面贯彻党的基本理论、基本路线、基本方略，深刻领悟“两个确立”的决定性意义，增强“四个意识”、坚定“四个自信”、做到“两个维护”，始终坚持党对工会组织的领导，始终把牢工会系统网络安全和信息化建设的正确政治方向，促进工会组织进一步增强政治性、先进性、群众性，提升网上服务职工水平，切实走好网上群众路线，团结带领广大职工群众坚定不移听党话、跟党走。

围绕中心、服务大局，以习近平新时代中国特色社会主义思想为指导，全面贯彻党的二十大精神，紧紧围绕统筹推进

“五位一体”总体布局和协调推进“四个全面”战略布局，坚持以人民为中心的发展思想，践行中国特色社会主义工会发展道路，顺应“互联网+”发展的时代大势，健全就业公共服务体系，加强困难群体就业兜底帮扶，消除影响平等就业的不合理限制和就业歧视。全心全意依靠工人阶级，维护职工合法权益。满足广大职工群众对工会服务的需求，适应工会事业改革创新发展的需要，构建“互联网+”工会服务职工体系，打造方便快捷、务实高效的服务职工新通道，提升运用网络服务职工能力，走好网上群众路线，构建清朗网络空间，增强工会组织的吸引力、凝聚力、战斗力。

（二）坚持服务职工服务基层

坚持职工为本，促进工会信息化全面深入应用，增强网上服务职工工作本领，满足职工日益增长的美好生活需要，为基层工会组织增添创新动力和服务手段，提升服务职工、服务基层的能力水平。

工会网上工作技术手段在网上，而工作的本质核心在网下，衡量工会网上工作的成败，主要标准之一就在于能不能通过网上解决网下的问题。职工都是虚拟生活在网上，真实生活在网下，所以必须网上网下相结合，最大限度地提高网上工会对广大职工群众的吸引力和凝聚力。真正有效实现这一目标，在于能为广大基层会员提供切实有效的普惠性服务。通过开展网上工作，实现网络技术和真实服务相结合，服务内容与服务手段让职工用得上、用得起、离不开。只有这样，才能把广大的基层职工会员实名实时地联系起来、团结起来，达到团结职工群众听党话、跟党走的目的。

（三）坚持问题导向目标导向

紧扣工会工作和服务职工面临的突出矛盾和关键问题，运用网络信息技术，推动工会工作流程再造，创新工会服务职工方式，为工会创新发展提供有力支撑。着眼推动工会工作高质量发展，坚持高标准高起点，推动工会系统网络安全和信息化建设。

工会网上工作以解决问题为导向，以服务大局为目标。当前工会网上工作面临的一个重要问题是职工队伍在流动变化。货车司机、网约车司机、快递员、外卖配送员等新就业形态劳动者面临多类急难愁盼问题。但是由于新就业形态劳动者的流动性，工会组织却不容易找到他们，再加上没有高黏性服务，不容易把他们凝聚起来。另外，由于缺乏职工会员的实名制数据和完整档案，工会“记不准”他们的情况，也就不能准确了解他们的需求，在维权帮扶服务工作中心有余而力不足，导致职工缺少归属感、获得感，同时工会干部也在一定程度上缺少存在感、成就感。此外，一些地方对网上工作关键核心问题领会不准，对网上工作主要任务把握不全，对从事网上工作应该掌握的互联网和现代信息技术知识掌握不足，对工会网上建设和运行缺少经验，没有足够的资金资源和人力支撑网上工会的建设和运行等，这些问题导致不能高水平构建网上工作规划并有效实施。针对这些重点难点问题，必须坚持问题导向、目标导向，加强学习，克服困难，拿出解决方案。

（四）坚持系统谋划各方协同

坚持系统观念，加强顶层设计，统一谋划，分级建设，统分结合，守正创新，充分调动各级工会、社会力量在网络安全和信息化建设中的积极性、主动性、创造性。

工会网上工作者要从整体上、全局上认识问题，在普遍联系中处理工会网络安全和信息化工作，融入国家网络安全和信息化大局协同发展。实践证明，工会网上工作任务艰巨、形势复杂，更要坚持系统观念，充分领会网络强国的重大意义、丰富内涵、精神实质、实践要求，深刻理解时代发展和互联网规律，将网上工作作为深化工会改革的重要举措，在党和国家工作大局中更好地发挥积极作用，助力工会工作增强政治性、先进性、群众性，促进网上工作服务基层、服务职工群众，稳步推进工会工作创新发展。充分调动各级工会和社会力量，善于利用这些资源有针对性地开展网络安全和信息化工作，充分借助社会和市场的力量为职工服务。网络时代服务职工，将逐步由依靠工会资源为主向利用和借助社会资源、市场资源转变，需要把政府的、市场的力量都组织起来，更好地为职工服务。

（五）坚持开放共享安全可靠

秉持开放合作理念，加强与有关部门的业务协同，打破数据壁垒，推进工会数据开放与共享，全面提升工会数据管理和利用能力。严格落实网络安全法律法规和政策标准要求，正确处理开放与安全的关系。

数据的价值在于应用，被应用的数据才能称为要素。但它又不同于土地、资本、技术、劳动力等生产要素，数据可以被应用于若干场景且用之不竭。数据通过流通、共享释放价值，充分利用安全、可信、合法的数据流通与技术共享，让工会数据实现自由流通、充分使用。如此，工会数据的价值才能充分释放，才能进一步服务职工、服务群众。另外，在移动互联时代，职工接受网络平台服务的同时，不仅要在注册环节提供个人信息，而且在使用中还要授予相关 App 访问各种用户信息的权限，因此确保相关数据和个人信息安全，无论是对职工，还是对工会，都极为重要，所以，工会网络安全和信息化工作必须牢固树立总体国家安全观，严格落实网络安全和数据安全法律法规，确保建设和安全同步推进。

（六）坚持把握要点、克服难点

坚持以习近平总书记关于工人阶级和工会工作的重要论述、

习近平总书记关于网络安全和信息化工作的重要论述为根本遵循，将全国工会网络安全和信息化工作置于中华民族伟大复兴历史进程与党和国家工作大局的背景下，结合工会网信工作的现状、问题和出路，国内对标数字中国和智慧社会，国际对标智能化、跨界融合、深度渗透、变革速度指数化等趋势，实事求是地科学谋划、一步一个脚印地推进。注重把握要点、克服难点，这样才能在信息化进程、数字化转型中，实现中国工会智慧变革的自我革命。

三、总体思路

“十四五”期间，全国工会网络安全和信息化工作以数字驱动为核心引领，深入推进工会治理数字化、服务智能化协同发展，构建“大数据+”工会治理能力提升体系、“互联网+”工会服务应用创新体系、“云计算+”工会网信基础支撑体系，形成“一个引领、两化协同、三大体系”的发展格局，建设全国工会逻辑统一的大数据系统和服务平台，实现全国智慧工会建设“一张网”。

“一个引领”即以数字驱动为核心引领，是工会网络安全和信息化工作的主要方向。对于数字化转型，可以说是“知易行难”，各级工会在数字化转型过程中产生重重困惑，如对数字化的认知不够，没有形成多方协同发展，导致难以制定清晰明确的行动发展步骤，或者在选择合作伙伴方面遇到问题。这都要求各级工会探索整体的解决方案，促进数字化真正落地。

“两化协同”即深入推进工会治理数字化、服务智能化协同发展，是工会网络安全和信息化工作的战略布局。当前，以智能化、移动化、一体化、便利化为特点的工会服务新模式不断涌现，各地智慧工会正在加速建设。工会治理数字化、服务智能化协同发展是一场“马拉松”，不仅在于起步早、发展急速，更重要的是能够持续、稳定地提供优质数据，坚持不懈地推动开放数据的开发利用，源源不断地提供工会优质服务。

“三大体系”即“大数据+”工会治理能力提升体系、“互联网+”工会服务应用创新体系、“云计算+”工会网信基础支撑体系，是工会网络安全和信息化工作的基础构架，以此推动实现用数据说话、用数据决策、用数据管理、用数据创新，实现数字化治理水平更现代，服务职工群众更精准，工会协同办公更便捷，信息基础设施更先进，数据资源应用更有效，网络和数据安全保障更有力。

建设全国工会逻辑统一的大数据系统和服务平台是工会网络安全和信息化工作的主要任务，由全国总工会统筹规划、全国各级工会协同建设。全国智慧工会“一张网”是工会网络安全和信息化工作的行动目标。面对高质量发展要求，通过智慧工会建设，能够有效促进职工权益维护以及职工服务质量提升、效率提升，更好地服务工会新发展格局。

四、建设路径

当今时代，网络世界在现实生活中的重要性日益凸显，尤其是电子政务、电子商务等网上服务给人们的工作生活带来的便捷性有目共睹。身处这样的时代，广大工会工作者对“要过互联网这一关”是有着普遍共识的。

但是，理论上的认知并不等于实际行动。到具体的落实环节，无论是数字政府还是数字化企业，往往都将信息化、数字化工作主要归结于信息化建设部门，“信息化建设，说起来重要，做起来次要，忙起来不要”是普遍现象。工会信息化建设也不例外，甚至更为突出。智慧工会的建设路径应包括以下步骤：

（一）从基础性工作开始

统一并强化工会各部门、产业工会和直属单位信息化、数字化的意识和认知，推动大家将平常由电子商务、电子政务、数字政府等数字环境感知到的，对工会业务直观的、感性的、零散的、非逻辑性、非系统性的认识，上升到理性、逻辑性和可操作性的认识，激发大家通过信息化技术改变传统工作模式的思维，强化数字化共识。

（二）找准工会信息化建设的“点”

对全国总工会来说，要聚焦只有全国总工会才做得了而各级工会和广大职工、会员又需要的“长板”，并把这一“长板”做到极致。其中包括以下三个理念。

（1）统分结合：即在平台机制上坚持统一规划、分级建设。全国总工会重在建设通用平台和设置基础功能模块，做到技术底座统一部署、用户身份统一验证、基础数据统一管理、重点服务统一提供、共性业务统一应用、标准体系统一构建，确保信息跨层级、跨部门、跨地域、跨平台无障碍流动，同时使物理（云资源、基础设施等）、服务（服务资源）、对象（职工、会员等）呈分散状态；地方工会根据本级平台运营需要，开发个性化功能模块，开展普惠活动等，确保形成基础功能强大、特色服务丰富、数据能力全面的全国智慧工会“一张网”工作格局。

（2）连接资源：即在功能供给上坚持开放共享、各方协同。全国总工会的服务平台一方面要统筹建立380万个工会组织和800多万名工会干部协作共享的全国工会业务管理与网上协同办公平台，纵向上贯穿各级工会的重点业务应用，横向上对接融入数字政府、数字中国数据池；另一方面要以服务职工（会员）、服务基层为重心，用互联网思维、用户思维去把握和打造职工服务平台的重点功能应用和网上服务场景，尤其要以数字化为纽带，最大限度连接各级工会特色功能、服务和社会资源，切实做到满足用户、吸引用户、沉淀用户。

（3）赋能基层：即网络生态构建上坚持集约复用、分级赋能。在统分结合的基础上，实现对各级工会在应用、服务、数据、技术等方面的赋能，如赋予各级工会组织自主管理数据和业务的权限，增强应用创新的能力；基于职工（会员）数字身份体系具备的自主注册、管理和跨地域、跨组织互通互认功能，建立多维用户权限机制，最大化满足各级工会平台个性化运营需求；通过优质应用遴选机制，不但吸纳、分发各级工会已建、在建的优质应用，避免重复开发，而且连接社会机构、供应商等资源，实现对各级工会平台的社会化赋能。

（三）一张蓝图绘到底

《规划》作为全国工会“十四五”网信工作的顶层设计，前瞻性地提出“以数字驱动为核心引领”，高起点擘画工作数字化和服务智能化的“两化协同”，系统性构建“大数据+”、“互联网+”、“云计算+”三大体系，建设全国工会逻辑统一的大数据系统和服务平台，实现全国智慧工会建设“一张网”。

第三节　运维运营一体化建设

随着国家大力提升政府行政办公、公共服务等领域的治理能力要求，信息化建设运营模式也要与之匹配适应。相对于“以建为主、建运分离”的传统发展模式，“建运一体、长效运营”的创新模式可以更加有效地保障信息化系统正常运转所需的资金、人员、服务等持续投入，避免因政策导向、用户需求、单位负责人和供应商服务团队等变化带来的不确定性风险，更加符合需要长期运行的公共服务类平台的健康发展需要。

一、政务公共服务类信息化建运模式分析

目前，政务公共服务类信息化建运模式主要分为政府主导、以建为主、建运分离（简称建运分离模式）和政企合作、建运一体、长效运营（简称建运一体模式）两种。建运分离模式与建运一体模式最大的区别在于：

第一，投资主体方面，由单纯的政府投入向政府和社会企业共同出资转变。

第二，建设运营主体方面，从与项目紧密关联的建设主体向不同类型的建设运营主体转变，并从建设服务商转变分化出运营商和运营服务商的角色。

建运一体化运营平台公司一般由政府指定的符合全国资或者国资控股背景的公司负责牵头，联合社会优势企业通过战略合作或合资形式组建，既可以为政府统筹推进项目建设运营提供更强的控制力，也可以通过与社会企业的联合实现投资、技术、人才等方面的优势互补。

依照现有政务领域建设运营模式分类，结合全国总工会网络安全和信息化特点，按照建运分离模式和建运一体模式对有关部委、省市服务平台的实践案例进行调研分析，相关典型案例如下。

1. 建运分离模式。

中宣部“学习强国”学习平台

“学习强国”学习平台是由中共中央宣传部（以下简称中宣部）主管，立足全体党员、面向全社会的“互联网+党建”平台。“学习强国”学习平台采用政府主导、以建为主、建运分离的模式，由中宣部委托第三方公司建设实施，同时授权下属单位中宣部宣传舆情研究中心（事业单位法人）作为平台的运

营主体。阿里云作为技术实施单位，为学习平台运营提供云计算、云存储、网络链路及网络安全等基础支撑资源和平台应用功能定制开发等服务。央视网、新华书店、人民出版社、强国客服公司（该公司与中宣部没有直接关系，是购买第三方企业服务的市场化关系）等作为第三方服务单位，补充中宣部宣传舆情研究中心自主运营所必需的内容、技术、人员等专业资源。"学习强国"平台运行模式分析如下：

中宣部宣传舆情研究中心作为党的思想政治工作理论研究单位，具有丰富的思想政治、社会思想动态、宣传舆情、对内对外宣传及互联网宣传的研究和实践经验。中宣部宣传舆情研究中心作为运营主体，可以充分发挥其在党建思想理论方向、专业业务领域的主导优势。

国家自然资源和地理空间基础信息库

国家自然资源和地理空间基础信息库（以下简称基础库）是国家电子政务四大基础信息库之一，由国家发展改革委等10个国务院有关部门、单位和军队有关方面共同建设。基础库采用政府主导、以建为主、建运分离的模式，由国家发改委会同各建设单位委托第三方公司建设实施。2017年，中央编办批准设立国家地理空间信息中心（事业单位法人），同时授权国家地理空间信息中心作为该平台维护运营主体。基础库的运行模式分析如下：

国家发改委成立专门的运营主体——国家地理空间信息中心，其具有很强的专业性、统筹性，从业务和技术上组建专业队伍，有利于国家自然资源和地理空间基础信息库的数据整合与管理，能够更好地提高数据共享、数据服务的能力。

2. 建运一体模式。

最高法中国司法大数据服务平台

中国司法大数据服务平台（以下简称司法数据平台）是由最高人民法院（以下简称最高法）主管，于2017年12月正式上线，主要面向人民群众、审判执行、司法管理、社会治理等提供数据支持与决策服务。司法数据平台采用政企合作、建运一体、长效运营模式。由最高法授权中国司法大数据研究院有限公司（企业法人，以下简称中国法研）作为平台的实施运营主体。

中国法研成立于2016年11月10日，由人民法院信息技术服务中心出资并实际控制，中国电子科技集团公司出资并负责经营。司法数据平台运行模式分析如下：

人民法院信息技术服务中心与中国电子科技集团公司合资成立中国法研，优势互补、强强联合，充分发挥各自在数据资产价值和专业业务领域的优势。中国法研旨在拓展和管理司法大数据资源，推进司法大数据与国家数据资源的融合运用，为司法管理和司法改革提供司法自主统计服务，围绕司法大数据资源体系梳理、数据资源整合、平台建设和数据共享服务四个方面开展运营服务工作。通过为最高法、各地方司法机关提供基础性司法大数据运营服务，中国法研实现营收平衡，保障了司法数据平台的稳定、长效运营，同时通过为社会企业和公众用户提供市场化增值服务，获取增值收益，并促进了司法数据平台的业务创新和服务优化。

广东省“数字广东”数字政府工程

广东省“数字广东”数字政府工程（以下简称“数字广东”）助力广东省政务服务实现数字化转型升级，提供政务云、政务大数据、公共支撑三大基础资源平台，提供“粤省事”移动政务服务平台、“粤商通”涉企移动政务服务平台、“粤政易”移动办公平台三大应用的建设运营。“数字广东”采用政企合作、建运一体、长效运营模式。

2017年10月，在广东省政府的授权下，腾讯、联通、电信和移动共同成立数字广东网络建设有限公司（以下简称“数字广东”公司），作为“数字广东”的技术实施和运营单位，提供“数字政府”改革建设工作的技术支撑，承担方案设计以及省级电子政务基础设施和系统的建设运营工作，提供解决方案、系统管理、应用开发、数据融合、安全机制等专业化的综合服务。“数字广东”运行模式分析如下：

“数字广东”公司作为广东省政府授权组建负责“数字广东”建设运营的服务公司，由腾讯、联通、电信和移动四家智慧科技公司组成，具有强大的信息化技术服务能力和互联网运营实践经验，两家公司优势互补、强强联合，充分发挥各自在互联网、大数据、云计算和其他专业技术领域的优势。其中，三大运营商代表国资参股，保障了“数字广东”政务数据资产的安全运营；腾讯作为国内最大的互联网服务公司，充分发挥了“互联网+政务”的服务优势，为实现政府职能的便民化提供了强大的技术支撑。

二、探索建运一体模式的主要目标和任务

面对大数据时代的工会业务发展和广大工会会员的多样化需求，全国总工会“十四五”信息化工作要建立一套灵活、快速、有效的长效运营机制。通过建运一体模式，可以实现全国总工会从数据驱动到业务服务，全方位提升工会服务能力，对党中央提供科学、全面的工会数据决策支撑；对全国总工会各业务部门提供准确、灵活的工会数据服务支持；对各省（区、

市）总工会做好数据开放和业务平台共享协同服务；为广大职工群众提供媒体宣传、就业服务、技能提升、法律维权、帮扶服务、文化服务等工会服务。

要通过落实服务好“十四五”期间全国总工会信息化建设实施目标，实现数字化治理水平更现代、网上服务职工更精准、工会协同办公更便捷、信息基础设施更先进、数据资源应用更有效、网络和数据安全保障更有力。在夯实建设期坚实基础之上，优选运营方案、创新运营模式，推动全国工会服务生态的高质量发展，提升生态凝聚力，增强职工服务能力。

第一，数字化治理水平更现代。建成覆盖全国工会的智能一体化大数据系统，打造基于区块链技术的会员数字身份账户系统，建成标准统一的工会基础数据库，实现工会数据资源的共享整合，以数据和应用为核心，向各级工会赋能，为加强工会会员管理、精准服务、业务协同、宏观决策提供数据支持和运营支撑。

第二，网上服务职工更精准。建成逻辑统一的职工服务平台，围绕就业服务、技能提升、法律援助、帮扶服务等重点网上服务应用，聚焦新就业形态劳动者权益保障，推进工会服务与政府政务服务、企业市场服务的有机结合，实现工会网上服务的常态化、普惠化、精准化，促进服务资源系统化配置，服务效能集约化输出。为做好联系职工、服务职工、引领职工、凝聚职工的工会服务运营奠定基础，有力推动工会工作高质量发展。

第三，工会协同办公更便捷。建成全国工会系统业务管理和网上协同办公平台，实现全国总工会本级重点业务应用整合，拓展延伸工会业务链条，实现全国工会系统跨层级、跨地域、跨产业、跨工作部门的网上工作协同。

第四，信息基础设施更先进。全面提升工会基础设施支撑能力，基本建成全量汇聚、科学集约、运行高效的信息基础设施和运行维护体系。建成“工会云”、智能运维系统，夯实工会信息基础设施支撑能力。建成以保障全国总工会信息化工程稳定运行为基础，以适应工会服务长效运营为导向的规范化、标准化、制度化、智能化的集中管控运行维护体系，实现对全国总工会信息化工程平台系统运行状态的全面监控和运行问题的及时处理，支持应用系统的安全、稳定、高效、持续运行和迭代优化。

第五，数据资源应用更有效。有序归集各级工会数据资源，编制工会系统数据资源标准和利用规范，实现与国家基础数据库的资源共享和标准衔接。全面提升工会数据资源开放共享水平，形成工会特色数据创新应用场景。以工会数据运营为目标，加快形成以数据决策、数据服务、数据创新为理念的工会现代化治理模式。

第六，网络和数据安全保障更有力。落实国家网络安全相关制度，促进国产密码技术应用，建设网络安全态势感知平台，构建多层次、体系化、常态化的网络安全保障体系，强化工会业务重要数据和会员个人信息保护，实现工会系统网络安全整体防御能力的提升。建立关键信息基础设施保护体系，提升安全防护和维护政治安全能力。建立网络安全风险评估和审查机制，具备网络安全威胁发现、监测预警、应急指挥、攻击溯源能力，并作出安全防范措施和快速应急反应。制定安全保密管理办法，确定共享信息的安全级别、使用权限和保密期限，保障系统安全稳定运行。

三、探索建运一体模式的实施路径

面对数据时代的工会业务发展和广大工会会员的多样化需求，结合工会系统特点和全国总工会的问题现状，综合分析相关主体方、统筹协调、技术保障、运营风险等要素，将业务指导、规划设计、承建、运营、技术支撑等参与单位有机结合，在职责清晰、业务明晰的基础上，在建设、运营、运维等各阶段各环节群策群力，打通工作边界与沟通壁垒，共享智慧经验和优势资源，共同推进工会业务，逐步形成良性循环，打造工会网上工作的多样性生态。

要通过建运一体模式建设，落地组建专职、长效、专业的建运团队，构建完善“三大体系”，强化工会数据治理，挖掘数据运营价值，保障工会服务的持续优化和创新。

建运一体模式实现了从数据驱动到业务服务的全方位工会服务能力提升，可以向领导提供科学、全面的决策支撑，为各业务部门提供准确、灵活的数据支持，为各省（区、市）做好数据开放和业务平台共享协同服务。待下一步条件完善、时机成熟时，可考虑采用合资成立联合平台的开发模式。

采用建运一体模式建设，要充分发挥政企合作的作用，包括自主开展建设运营、委托第三方专业公司开展建设运营、以战略合作形式开展建设运营和与第三方公司合资成立联合平台四种组织实施路径。

（一）自主开展建设运营

自主开展建设运营是通过指定一家下属单位或多家下属单位组建联合平台，自行开展信息化建设运营工作。现有下属单位作为系统内单位，熟悉业务和服务流程，与各个业务部门联系紧密，具备一定的市场竞争和经营活力。但是从信息化角度看，下属单位可能缺少专业技术人员，缺乏信息化运营经验，需要通过招聘专业人员或购买第三方服务的方式补充短板。

（二）委托第三方专业公司开展建设运营

委托第三方专业公司开展建设运营是指定下属单位通过招

标方式委托第三方社会企业开展信息化建设运营工作。该组织路径从人力、技术、业务角度来看，能够完成信息化建设运营工作，但对于一些下属单位来讲，其只是作为项目管理角色，这虽然在一定程度上分担了自行建设实施的职责和困难，但容易成为外包的转包方，退化为“空壳”，抬高了外部合作成本。

（三）以战略合作形式开展建设运营

立足长期共赢基础之上的战略合作形式，相较于依赖法律约束的委托公司或合资公司，具有合作灵活、机动性强且形式多样等优势。同时，战略合作伙伴需要承接全部信息化建设，运营工作需要走公开招标和市场化竞争流程。通过战略合作形式，选取一家或多家优势社会企业组成联合平台，能够更加有效地激活社会企业作为合作伙伴的竞争优势，也能灵活开展信息化建设、运营的落地实施等。但是，由于战略合作形式的松耦合特点，战略合作单位必须通过政府招投标流程确定合同关系才能开展实质性建运工作。招投标工作流程和特点存在很多不确定性，例如流标、废标、延期等，这将在一定程度上增加战略合作双方持续稳定合作的难度，导致一体化运营存在不确定性风险。

（四）与第三方公司合资成立联合平台

与第三方公司合资成立联合平台是指通过指定下属单位联合社会企业合资组建联合平台，并授权联合平台为建设运营主体。联合平台能够实现业务优势和技术优势的优势互补，解决单一专业人员和运营经验不足的问题，同时能够培养自有团队，实现业务、技术、人员的资源优势最大化。社会企业参与投资、建设、运营可以增加平台建设的市场化导向，具有较强的经营活力和动力。总的来看，联合平台在信息化建设运营方面具有业务与技术优势互补、人员与经验有效补足、市场活力增强、快速形成自主可控的人才团队的优势。但该模式存在多个细分领域，多个细分领域的联合平台在参与建设和运营时容易造成“运营孤岛”，形成技术封闭和生态“内卷”，造成其他社会企业很难参与信息化建设等问题。

第四节　专业化人才队伍建设

一、工会干部网络认知能力建设

网络认知能力是工会干部信息化能力建设的基础和起点。认知能力的差异化会带来新的数字鸿沟，加剧不同区域、不同行政层级间在信息化发展进程中的不均衡。当前，社会信息化发展迅速，网络信息平台风云变幻，大到国家动态、社会民生，小到日常生活、案件发展，每一条新闻都可能被网络无限放大，从而引发整个社会的关注和讨论。主动适应信息化要求，强化互联网思维，提高对互联网信息发展规律的掌握能力，增强对网络舆情的引导能力和化解能力，是广大工会干部适应新时期社会发展的必备能力。

第一，坚持和加强党的全面领导。坚持中国特色社会主义制度，把牢工会系统网络安全和信息化建设的正确政治方向，保持和增强政治性、先进性、群众性，贯彻落实全国总工会党组、书记处的重大决策部署，提升网上服务职工水平，团结引导广大职工群众坚定不移听党话、矢志不渝跟党走。

第二，坚持围绕中心服务大局。紧紧围绕把握新发展阶段、贯彻新发展理念、构建新发展格局、推进高质量发展给工会工作带来的新任务、新要求，紧扣工会网上工作和服务职工面临的突出问题，运用网络信息技术推动工会工作高质量发展。

第三，坚持求真务实改革创新。立足工会工作实际，坚持以职工为本，强化问题导向，积极建言献策，提出专业性、建设性、针对性的对策建议。加强统筹协调，注重组织形式、运行机制创新，充分调动专家的积极性、主动性，创造有利于专家发挥作用、积极健康向上的良好环境。

第四，加强工会干部的网络认知能力建设。互联网的发展为职工群众表达诉求提供了条件，并导致网络民意征集和网络监督的需求大大增加。面对不断发展的网络参政问政趋势，工会干部要树立三种理念：一是网络执政理念。目前，我国网民规模达到10.67亿人，互联网普及率达到75.6%。面对这样一个庞大的网民群体，工会干部要坚持为民服务，尤其各级工会干部是职工的“服务员”，工作言行需要深入职工群众，各级工会干部要以积极的心态认识新媒体、拥抱新媒体、接纳新媒体，发挥职工网络参政议政的能力。二是树立网络参政问政是当代政治的理念。网络问政作为我国执政生态中的新事物，已引起了各级工会的高度重视。各级工会干部要把网络舆论、网络诉求以及网民反映和网民建议当作网络的最大政治来看待，高度重视和关注，紧盯网上出现的群众诉求，贴上去、沉下去、融进去，善用网络传播党的路线方针政策和政府的重大决策部署，回应群众的疑虑，为群众释疑解惑。三是树立运用网络解决实际问题的理念。各级工会干部不能把网络社会与现实社会分割开来，牢记网络社会是现实社会在网络上的反映，积极研究网络、熟悉网络、善用网络，尤其是熟练运用网民能够接受的语言和方式开展网络交流，做好群众工作。

（一）提高信息科技发展的前瞻意识

以互联网、大数据、人工智能为代表的信息科技已经成为通用技术，对产业转型、社会治理和国际竞争都产生了深远影响。要推动信息化和工业化深入融合，必须在信息化方面多动脑筋、多用实招，要加强信息基础设施建设，强化信息资源深度整合，打通经济社会发展的信息“大动脉”。

（二）提高信息化应用发展的推进意识

信息化应用是信息科技服务经济社会的主要途径，大力推进信息化应用，有助于更好、更快地释放信息红利。要以推行电子政务、建设智慧城市、发展智能工业等为抓手，大力推进互联网、大数据、人工智能等信息技术在经济社会各领域的融合创新应用，以信息化应用来推动模式创新、管理提档和服务升级。

（三）提高信息化发展的政策创新意识

信息技术的发展和普及应用对社会发展和治理带来了新的机遇和挑战，要加强对信息化发展的前瞻性研究，敏锐抓住信息化发展的历史机遇，及时调整和完善已有政策体系，让政策体系更好地护航信息化发展，促进信息红利加速释放。

二、工会干部网络运用能力建设

以工会干部能力建设为重点，不断提升工会干部网络运用能力。增强学网用网本领，在思想上与互联网接轨，在行动上能够灵活驾驭互联网；增强以网络思维推动改革创新的本领，突破现有思想定式和工作模式，做到因势而变、随事而制，创造机遇、推动发展；增强应对网络舆情的本领，着力提高网络舆情的发现、研判、处置、引导能力，变被动为主动，变舆论压力为改进提高工作的能力。

围绕信息系统建设、大数据应用等重点领域，开展专业培训、专项研究、学术交流等，培养复合型紧缺人才，打造具有核心竞争力的高水平、多层次的人才队伍。从全国总工会网信领导小组、网络部、信息中心、财务部各业务部门组织骨干力量，从战略合作单位和其他合作单位购买专业技术团队力量，增加大数据应用领域、安全领域、应用系统开发领域、基础设施领域、专项运营领域等的人力资源。

学习掌握网络应对技巧，加强工会干部引领网络能力建设。网络对信息来者不拒的特点，使得五花八门的信息都可能出现在网络上。尤其是在出现突发事件时，这些五花八门的信息可能会使事件迅速发酵甚至出现不可控局面。为此，各级工会干部要学习掌握应对网络舆论的技巧，在遇到突发事件时，及时抢占网络舆论制高点，引导网络舆论健康发展。首先，网络回应要及时。舆论传播具有先入为主的特点，先入为主的信息往往会左右人们对事件的看法和判断。所以，出现网络舆论时，要在第一时间及时发声，及时回应，及时抢占舆论先机和舆论“制高点”，不给谣言的产生和传播留下空间。其次，网络回应要真实。回应网络舆论需要技巧，但技巧是第二位的，位于第一位的是要抒真情讲真话，坚持实事求是。危机事件发生后，要及时向公众道歉，把危机的真相及可能的风险向公众讲清，不缩小也不扩大。如果情况不确定或者不是很清楚，也要坦诚地告诉公众事件的真实情况还没有完全弄清楚，以便得到公众的理解。最后，网络回应要准确。网络舆论引导的公信力不仅取决于事件回应的真实性，更取决于事件回应的准确性，尤其是舆论场处在“偏激共振”的时候，极小的误差都可能会引起极大的反弹或轩然大波。面对媒体发布信息时，一定要反复核实每一个数据、每一个细节，千万不能因为微小的误差，诸如误报、漏报等，加重网民的质疑甚至误解，引发“次生危机”。

三、工会干部网络引领能力建设

把握网络发展趋势，加强工会干部善用网络引领能力建设。由于网络具有人人参与、信息传播快捷以及低成本、可匿名等特点，越来越成为大众舆论的主通道，成为民众讨论公共事务、表达利益诉求的平台。各级工会干部要强化对网络运行规律的学习，把握网络发展大势，积极运用网络开展工会工作。

一是增强网络舆情意识，提高网络舆情研判能力。网络已渗透到社会的每个角落，工会干部的言行也不可避免地处于网络的覆盖中。特别是工会干部的言行举止代表着组织的形象，工会工作中的“瑕疵”以及群众对工会工作的不满情绪或误解、质疑，都有可能成为网络炒作的“新闻”或舆论事件。各级工会干部必须时时关注网情，及时发现问题，积极应对网络舆情事件的出现。

二是搭建网络平台，传递工会声音。当前，网络已成为工会与职工交流沟通的重要渠道。要积极搭建工会网络运行平台，及时发布工会信息；开设网上便民服务窗口，开展劳动保护、职业病防治、集体协商工作的宣传教育以及办理会员手续、困难职工登记、政策咨询等，加强与职工网民互动。

三是支持工会干部建网站、开微博、发帖子，积极评论，引领舆论。网络阵地，正能量声音不占领，就会出现杂音；主流价值观不流行，功利主义、享乐主义就会盛行，就会冲击现实社会，影响职工网络生态环境。因此，要鼓励、支持工会干部用实名建个人网站、写博客、开微博、发帖子，及时、快速、高密度地发出主流声音，传递正能量，培养一批践行社会主流价值的“网络意见领袖”，实现工会与职工沟通工作在现实社会与虚拟社会的有机统一。

（一）培育网络社会融入意识

网络社会打破了物理社会的时空限制，在为人类交流、沟通、合作提供极大便利的同时，也成为创新社会治理的主战场。各级工会干部要积极拥抱网络社会，主动参与网络社会活动，摸清和把握网络社会发展规律，提高网络社会驾驭能力，为参与网络舆论引导提供经验支撑。

（二）善于应用网络开展调研和问政

网络调研和网络问政是新时代领导干部走群众路线的必备技能，要积极回应网民关切，及时解疑释惑。

（三）发挥网络舆论引导的先锋作用

要积极提高各级工会干部运用互联网组织群众、宣传群众、引导群众、服务群众的本领，善于为网络舆论做疏导。

思考题：

1. “一个引领”、“两化协同”、“三大体系”分别指的是什么？
2. 智慧工会的定义是什么？
3. 建运分离与建运一体两种模式最大的区别是什么？

第三章　工会网络安全和信息化建设的任务

智慧工会建设，要坚持以数字驱动为核心引领的总体思路，深入推进工会治理数字化、服务智能化协同发展，构建“大数据+”工会治理能力提升体系、“互联网+”工会服务应用创新体系、“云计算+”工会网信基础支撑体系，建设全国工会逻辑统一的大数据系统和服务平台，实现全国智慧工会建设“一张网”。配套工会网信建设保障措施和工会网信标准体系，形成网上网下深度融合、互相联动的服务职工新格局，更加高效便捷地服务职工群众，激发工人阶级的历史责任和时代担当，发挥先进阶级的重要作用，乘势而上开启全面建设社会主义现代化国家新征程，向第二个百年奋斗目标进军，以中国式现代化全面推进中华民族伟大复兴。

第一节　构建“大数据+”工会治理能力提升体系

一、“大数据+”建设思路

全面提升工会数据化治理水平，有效应用工会数据资源，推动数字引领工会工作高质量发展取得显著成效。建成工会智能数字“云脑”平台，打造基于区块链技术的会员数字身份账户系统，建成标准统一的工会基础数据库，实现工会数据资源的共享整合。聚焦数据和应用，赋能各级工会，为加强工会精准服务、业务协同、宏观决策提供技术和数据支撑。有序归集各级工会数据资源，编制工会系统数据标准和利用规范，实现与国家基础数据库的资源共享和标准衔接。全面提升工会数据资源开放共享水平，形成工会特色数据创新应用场景。

二、“大数据+”建设内容

利用现有信息基础设施，围绕信息资源目录梳理与归集，建设工会数据资源管理平台，汇聚各级工会数据资源，完善工会数据交换共享，探索数据资源开放。

（一）建立和完善工会数据资源管理体系

1. 建设工会信息资源目录体系。

建设全量透明、多态呈现的工会信息资源目录系统，按照国家政务信息资源目录编制相关要求，推动各级工会因地制宜延伸和拓展工会信息资源目录，强化各级工会对信息资源需求分析和目录调研梳理，加快构建各级统一、动态更新、共享校核、权威发布的工会信息资源目录体系，依托开放共享系统对工会信息资源目录进行集中展示发布。

2. 构建工会系统数据开放共享体系。

建设标准统一的工会系统数据开放共享系统，推动各级工会数据横纵贯通，全面汇聚会员、组织、业务、服务等工会基础数据，强化数据共享过程中的数据确权、安全加密，提高采集校验能力和数据质量管理能力，实现基础信息资源和业务信息资源的集约化采集、网络化汇聚和统一化管理，有序衔接国家基础数据库和重大信息化工程。积极探索向社会开放工会数据，有序释放工会数据的社会价值和市场价值。

（二）构建工会智能数字“云脑”体系

1. 建设工会智能数字“云脑”平台。

建设逻辑统一、统筹管理、按需赋能、社会参与的工会智能数字“云脑”，为各级工会提供管理数据资产、提升技术能力的智能化平台，完善数据和应用的接入与管理，打通“数据孤岛”，实现上下贯通，切实提高工会系统数据融合能力、应用拓展能力。围绕精准服务、业务协同，聚焦大数据应用共性需求，构建智能化数据模型库和大数据通用算法库。

2. 打造基于工会“云脑”的分析研判和决策支撑体系。

建设大数据分析研判系统，大力提高就业服务、技能培训、帮扶服务、法律服务、文化服务等重点业务数据挖掘分析能力，强化对工会业务的动态跟踪，实现研判精细化、决策科学化、执行可视化。建立健全大数据辅助科学决策和社会治理的常态化机制，聚焦职工思想、就业、帮扶、诉求等方面，提升宏观决策支撑能力。

3. 构建上下联动的“云脑”应用市场。

统一提供应用“工具包”，对接既有应用，按需申请研发，提升拓展工会应用功能，实现工会体系内共建共享、集约高效。鼓励各级工会建设复用价值高、通用程度高的应用，建立遴选及推广机制，广泛吸纳各级工会优质应用，培育具有开放性、成长性、包容性的工会“云脑”应用市场。

（三）深化和拓展实名制管理支撑系统

建设实名制管理支撑系统，为各类应用提供基于实名制数据的支撑，基于全国“工会身份链”统一提供数字身份账户服务，形成用户精准画像，进一步支撑分析研判与决策。

1. 建设覆盖全国的“工会身份链”。

构建覆盖工会系统的自主可控区块链应用服务平台，建设

“工会身份链”，实现数据可追溯、权责可界定的全生命周期管理，推进跨区域、跨领域的数据融合互通应用，加快推动工会区块链示范应用的创新发展，提升区块链应用支撑能力。

2. 建设以人为本的数字身份账户系统。

构建会员数字身份唯一标识，推进各级工会逐级开展实名制会员数据的有序归集。探索数字身份数据管理，开展数据质量评价，提升数据治理能力。统一提供数字身份账户服务，逐步拓展更新实名制数据，形成用户精准画像，提升工会服务智能化、精准化水平。

第二节　建设“互联网+”工会服务应用创新体系

一、“互联网+”建设思路

以工会协同办公更便捷、网上服务职工更精准为目标，推进工会工作科学化、精细化、智能化水平显著提升。建成全国工会业务管理与网上协同办公平台，实现全国总工会本级重点业务应用整合，拓展延伸工会业务链条，实现全国工会系统跨层级、跨地域、跨产业、跨工作部门的网上工作协同。建成逻辑统一的全国工会服务平台，围绕就业服务、技能提升、法律服务、职工帮扶等重点网上服务应用，聚焦新就业形态劳动者权益保障，推进工会职工服务与政府政务服务、企业市场服务的有机结合，实现工会网上服务的常态化、普惠化、精准化，促进服务资源系统化配置，服务效能集约化输出。

（一）完善工会基本服务

以就业服务、技能提升、法律服务、文化服务为重点，完善网上服务内容，拓宽网上服务渠道，拓展各类移动应用，加快网上服务数字化、智能化转型，为职工提供全天候、全覆盖、全链条的网上服务，着力提升职工的获得感、幸福感、安全感。

（二）强化职工普惠服务

创新职工普惠服务模式，推行普惠服务精准化，探索运营准入及监管机制，鼓励市场化参与。运用区块链技术加强普惠服务全过程监管和追溯，提升工会服务平台用户活跃度、满意度。

（三）完善工会全媒体传播服务

巩固发展工会网上舆论阵地，强化工会主流网络媒体发展和各级工会网站建设，推进工会媒体深度融合，加快融媒体云平台建设，构建网上网下一体，以“工”字特色内容建设为根本、新型运行管理模式为保障的报、网、端、微、刊全媒体传播服务体系。

（四）创新工会多元化服务

充分调动社会资源，加强与政务服务和社会服务的协同联动，重点开展健康管理、养老托幼、心理疏导、女职工关爱、职工疗休养等生活类服务，丰富运动场馆、赛事活动等文体类服务，强化职工书屋、在线网校等教育类服务，打造工会多元化服务体系。

二、“互联网+”基本内容

全国工会信息基础设施建设是构建全国工会逻辑统一的大数据系统和服务平台，实现全国智慧工会建设“一张网”的重要支撑。《规划》提出，“十四五”时期，要全面提升工会基础设施支撑能力，基本建成全量汇聚、科学集约、运行高效的信息基础设施。各级工会要充分利用互联网和电子政务网络，坚持标准统一、一体化推进，严格落实网络安全和数据安全法律法规、政策要求，构建互联互通、安全可控的信息基础设施。

全国总工会本级围绕完善信息基础设施建设、建设工会网信标准体系、构建网络安全综合保障体系三大方面，夯实全国总工会信息基础设施支撑能力，保障全国总工会智慧工会平台安全稳定运行。以下重点介绍全国总工会本级信息基础设施建设任务内容。

（一）整合完善工会业务管理与网上协同办公平台

整合优化现有业务系统，拓展工会业务管理平台跨层级、跨地域应用，以信息化建设推动工会管理工作流程再造，探索新场景、新模式、新业态，实现工会业务功能延伸和领域拓展。

1. 整合优化现有业务系统。

统筹整合统计年报、基层组建、帮扶服务、劳模管理、资产管理等业务系统，打通数据接口，集成应用界面。推进工会业务管理工作与新一代信息技术深度融合，实现业务管理扁平化、智能化，推动工会工作流程再造。

2. 拓展强化工会业务技术赋能。

以工会职能为核心，拓展工会业务管理平台跨层级、跨地域应用，推进基层党建、会员管理、电子公文、工会信访、视频会议、财务管理等共性应用系统规范化、标准化、集约化建设，探索新场景、新模式、新业态，实现工会业务功能延伸和领域拓展。

（二）构建逻辑统一的职工服务平台

建设职工服务平台，制定统一的服务应用接入、适配、管理等标准，接入各业务部门服务类应用、接入各省（区、市）总工会服务平台，全国总工会本级重点建设共性、全局性的支撑平台及应用系统，推动服务类应用在各级工会集约共享。

1. 全国工会服务平台。

建设全国工会服务门户（Web 端、移动端），接入服务类应用，打通各省（区、市）总工会服务入口，重点打造新媒体宣传、就业服务、技能提升、法律服务、帮扶服务、文化服务等网上服务应用，实现工会网上服务资源优化配置和共享，推动线下服务向信息化、数字化、智能化发展。

2. 省（区、市）级服务平台接入。

全国工会服务门户接入省（区、市）级服务平台，一期试点接入北京、安徽、四川等10个基础较好的省（区、市）总工会服务平台，二期拓展试点范围，达成覆盖全国的目标。

3. 建设优化创新服务应用。

围绕就业服务、技能提升、法律服务、帮扶服务等重点网上服务应用，聚焦新就业形态劳动者权益保障、劳动经济等业务，建设职工技能提升与创新系统、职工疗休养管理系统、职工就业服务管理系统、劳模与职工健康管理系统等，对接各省（区、市）总工会生活类、文体类、教育类服务，打造工会多元化服务体系。

（三）构建工会网上服务评价体系

为提升服务效能，优化服务流程，围绕工会重点业务，要积极制定科学、客观、实用的工会网上服务评价指标，促进构建工会网上服务评价体系。

1. 制定工会网上服务规范。

结合网上服务成效度、在线服务成熟度、服务方式完备度、服务事项覆盖度、服务指南准确度等方面，制定科学、客观、实用的指标体系，经过试点不断优化完善评价指标。一期在试点省（区、市）总工会开展试评价，二期拓展到各省（区、市）总工会。

2. 制定工会网上服务评价指标。

围绕工会系统重点业务，制定科学、客观、实用的工会网上服务评价指标。定期开展工会网上服务评价，总结推广各地好经验、好做法，畅通反馈机制，强化督查整改，提高网上服务指导性、实效性。

第三节　探索“云计算+”工会网信基础支撑体系

一、“云计算+”建设思路

通过夯实信息化基础，促进工会网络安全和信息化示范带动作用显著增强。建设先进的信息基础设施，全面提升工会基础设施支撑能力，基本建成全量汇聚、科学集约、运行高效的信息基础设施，建成“工会云”、运维平台及灾备系统，巩固和提高工会信息基础设施支撑能力。有力保障网络和数据安全，落实国家网络安全相关制度，促进国产密码技术应用，建设网络安全态势感知平台，构建多层次、体系化、常态化的网络安全保障体系，强化工会业务重要数据和会员个人信息保护，实现工会系统网络安全整体防御的能力提升。

二、“云计算+”建设内容

（一）完善工会信息基础设施建设

建设全国总工会“工会云”，逐步整合迁移机关非涉密机房内的系统，保留全国总工会机关所需的对内管理系统和办公系统，对外服务类应用逐步迁移至“工会云”。同时，将云上的应用数据在IDC机房进行存储备份，避免数据游离于管理体系之外。

1. 建设全国总工会“工会云”。

依托全国总工会现有云计算基础设施，按需拓展公有云计算资源，构建全国工会“混合云”。结合数据处理、应用服务需求，优化计算资源、存储资源、网络资源配置，支撑工会信息化建设快速迭代，增强工会信息系统快速部署能力和弹性扩展能力。

2. 建设统一运维平台。

以基础设施和应用系统为重点，建设逻辑集中的统一运维平台，实现对数据资源汇聚、各类设备运行、信息系统状态的可视化动态监控，全面提升运维质量和效率。

3. 建设统一灾备系统。

建设全国总工会灾备系统，区分不同的灾备等级，机关大楼与 IDC 机房互为备份，保障系统的持续可用，提升应急响应能力。

（二）建设工会网信标准体系

依据国家电子政务标准体系框架，结合工会实际，充分吸收和借鉴国家标准和行业标准有关成果和经验，在工会已有标准体系的基础上，加强标准体系顶层设计，规范“大数据+”工会治理能力提升体系以及“互联网+”工会服务应用创新体系建设，形成涵盖总体类、基础设施类、数据资源类、运行保障类和安全技术类等的标准体系。

1. 制定工会数据定义系列标准。

依据国家电子政务标准体系框架，结合工会实际，充分吸收和借鉴国家标准和行业标准有关成果和经验，在工会已有标准体系的基础上，制定并发布工会元数据、信息分类与编码、数据全生命周期管理等标准。

2. 制定工会数据开放共享标准。

制定工会系统数据开放共享、信息系统接口等标准，编制工会数据资源开放共享管理办法，明确工会数据开放共享范围、监督管理、法律责任等内容，完善工会系统数据资产管理、数据资源库建设及运行管理、数据共享调度管理等规范，形成涵盖总体类、基础设施类、数据资源类、运行保障类和安全技术类的标准体系。

（三）构建网络安全综合保障体系

贯彻实施国家网络安全等级保护制度和关键信息基础设施安全保护制度，按照等级保护和分级保护的相关技术要求，积极应用国产密码保护、区块链验证等技术，对汇聚的数据资源进行分级分类保护。同时强化网络安全监测、态势感知、通报预警和应急处置等工作，加强协同联动，实现“常态化、全天候”的网络安全动态防护，切实提升全国总工会网络安全整体防御能力和水平。

1. 落实安全防护主体责任。

落实党中央网络安全决策部署，贯彻《网络安全法》及国家相关战略规划等，加强组织领导和规划部署，围绕机制体系、能力建设等方面，强化网络主管部门和业务运营单位的主体责任，按照安全防护措施同步规划、同步建设、同步使用的要求，加强管理、技术、业务、运营等工作，将网络安全工作贯穿信息化全生命周期，确保网络安全制度、策略、措施落地生根。

2. 应用数据安全防护技术。

贯彻实施国家网络安全等级保护制度和关键信息基础设施安全保护制度，支持鼓励商用密码技术应用，提升网上服务的安全性。掌握工会大数据底数和安全保护状况，积极应用国产密码保护、可信验证等关键技术，建立并落实工会大数据和会员个人信息全生命周期安全保护制度。

3. 建设网络安全态势感知平台。

积极落实网络安全相关法律法规和制度标准，强化网络安全监测、态势感知、通报预警和应急处置等重点工作，探索建立工会系统网络安全威胁情报共享机制，加强威胁情报收集，推进与网信、公安等部门的数据对接，加强协同联动，实现“常态化、全天候、全方位”的网络安全动态防护，切实提升工会系统网络安全整体防御能力和水平。

第四节　工会网络安全和信息化建设相关保障

一、加强组织领导

在全国总工会的统一领导下，各级工会围绕《全国工会网络安全和信息化“十四五”规划（2021—2025 年）》确定的目标任务，建立健全落实《规划》的支撑保障机制，坚持“一把手”亲自抓，加强统筹协调，明确网信部门和业务部门责任分工，科学安排重点工作，及时研究解决《规划》实施中的重大问题，指导督促和落实好重点任务。各级工会需要按照《规划》统一部署，积极主动作为，结合当地实际制定实施方案，明确落实《规划》的时间表、路线图和任务书。

二、完善考核评估

健全完善考核评价机制，对照《规划》目标任务抓好过程管理和目标考核，逐级压实责任，充分发挥考核工作的督促引导和激励约束作用。建立行之有效的内控机制，杜绝盲目建设和重复投资，防控廉政风险。建立《规划》落实情况的督促检查和工作通报制度，适时对目标任务完成情况开展督导评估和第三方评测，对工作进展情况、典型做法经验、网络安全落实情况等进行通报，增强《规划》落实的系统性和实效性。

三、强化人才队伍

通过人才引进和培养相结合的方式，配齐配强网络工作部门的人才支撑。加大对工会干部在网络安全和信息化知识、技术、技能和管理等方面的培养力度，打造一支讲政治、精业务、懂技术，具备互联网思维模式的工会信息化综合人才队伍。建立专家咨询机制，为重大决策、政策实施、重大项目建设提供咨询服务和指导。

四、加大资金筹措

完善信息化经费保障机制，加强信息化项目建设投资和运维运营经费协同联动，为加快《规划》落地提供必要支持。鼓励地方各级工会充分争取财政支持，推动本地重点任务建设。加强对经费预算及使用的绩效管理，提高资金使用效率。

五、推动机制创新

探索建立各级联动的创新协同机制，统筹协调、密切协作，共同推进《规划》实施、资源整合和系统建设。鼓励各级工会因地制宜，充分发挥社会力量的专业优势，探索市场化建设、运维与运营新模式，降低建设与运行成本，提高专业化水平、服务质量和管理效率。

第五节　工会网信标准体系

标准是通过标准化活动，按照规定的程序，经协商一致制定，为各种活动或结果提供规则、指南或特性，供共同使用和重复使用的文件参考。国际标准化文件包括标准、技术规范、可公开提供的规范、技术报告、指南以及文件的某个部分等类别。按照标准化对象，可以将标准划分为产品标准、过程标准、服务标准。按照标准内容的功能，可以将标准划分为术语标准、符号标准、分类标准、试验标准、规范标准、规程标准、指南标准。规范标准，指为产品、过程或服务规定需要满足的要求并且描述用于判定该要求是否得到满足的证实方法的标准。规程标准，指为活动的过程规定明确的程序并且描述用于判定该程序是否得到履行的追溯/证实方法的标准。指南标准，指以适当的背景知识提供某主题的普遍性、原则性、方向性的指导，或者同时给出相关建议或信息的标准。

中华人民共和国国家标准（以下简称国标），是包括语编码系统的国家标准码，由在国际标准化组织（ISO）和国际电工委员会（或称国际电工协会，IEC）代表中华人民共和国的会员机构——国家标准化管理委员会发布。在1994年及之前发布的标准，以2位数字代表年份。强制性国家标准的代号为“GB”，推荐性国家标准的代号为“GB/T”。

电子政务是深化“放管服”改革和建设服务型政府的战略举措，也是政府部门提升管理能力的重要手段。标准化是电子政务落实和推广的基础和前提，是整个电子政务发展的重要组成部分。为落实党中央、国务院关于发展电子政务的决策部署，全面推进电子政务工作，进一步落实《“十三五”信息化标准工作指南》等文件部署，2020年6月11日，市场监管总局办公厅、中共中央办公厅机要局、国务院办公厅电子政务办公室、中央网信办秘书局、国家发展改革委办公厅、工业和信息化部办公厅联合正式发布了《国家电子政务标准体系建设指南》。

《国家电子政务标准体系建设指南》指出，要认真落实党中央、国务院关于全面推进电子政务的决策部署，推动电子政务标准化发展，优化电子政务标准体系，完善电子政务标准，突破关键技术标准，强化标准实施与监督，增强电子政务标准化服务能力，为推进国家电子政务健康协调可持续发展、走有中国特色电子政务发展道路，推进国家治理体系和治理能力现代化，提供有力支撑。

《国家电子政务标准体系建设指南》的建设目标，是按照"急用先行，循序渐进"的原则，研制一批支撑政务信息资源开放共享、公共信息资源开发利用、业务协同、政务服务一体化、安全保障所需的基础性、关键性、共性标准，标准的有效性、先进性和适用性显著增强，并带动行业应用标准的研制。

根据《国家电子政务标准体系建设指南》有关规定，电子政务标准体系框架由总体标准、基础设施标准、数据标准、业务标准、服务标准、管理标准、安全标准 7 部分组成。

总体标准主要包括电子政务总体性、框架性、基础性的标准规范，如术语、标准化指南、参考模型等。其中，术语标准用于统一电子政务相关概念，为其他电子政务标准的制定提供支撑。标准化指南规定电子政务总体要求，指导电子政务建设。参考模型标准用于指导电子政务技术应用、政务信息系统设计等。

基础设施标准包括政务硬件设施标准、政务软件设施标准和政务网络标准。其中，政务硬件设施标准与政务软件设施标准聚焦于电子政务公共基础设施的集约化，对政务信息系统的基本要求、功能要求等基础性要求进行规范，大力推广政务云平台，推动计算资源、存储资源、服务支撑、安全保障等共性基础资源的集约共享。政务网络标准围绕电子政务网络建设中的技术、管理提出要求，指导电子政务网络、业务专网建设与运行。

数据标准主要包括元数据、分类与编码、数据库、信息资源目录、数据格式、开放共享、开发利用、数据管理等标准。其中，元数据标准、分类与编码标准、信息资源目录标准、数据格式标准作为电子政务数据标准的基础类标准，为各类电子政务数据库建设提供依据，为政务数据资源应用提供保障。数据库标准主要包括人口、法人等政务基础数据库标准和主题库标准。开放共享标准主要明确政务信息资源开放共享的数据要求、技术要求、管理要求等，明确信息交换的层级结构和交换方式，支撑建立时效性强、安全性高的政务信息资源交换体系。开发利用标准主要明确公共数据资源开发利用的数据要求、业务要求、服务要求、管理要求和安全要求等内容。数据管理标准主要对政务数据管理能力成熟度、政务数据服务管理、个人信息管理等方面进行规范。

业务标准主要包括业务流程、业务系统等标准。其中，业务流程标准用云规范电子政务业务流程，指导电子政务业务有序开展。业务系统标准对业务系统的设计、建设、管理和相关技术进行规范，实现业务流程的重组优化和规范化，支撑政务部门业务信息化建设。

服务标准主要包括政务服务基础标准、服务应用标准。其中，政务服务基础标准主要明确电子政务服务事项的要素设置、材料要求和电子政务服务流程，对电子证照、电子合同、电子票据、电子档案的技术、数据、标识、接口等内容进行规范，支撑各类证照、合同、票据、档案系统的规划、设计、开发和利用。政务服务应用标准主要对政务服务平台、政务服务移动端、政务服务自助终端等进行规范，支撑“互联网+政务服务”、“互联网+监管”等电子政务服务应用。

管理标准包括运维运营标准以及测试评估标准。其中，运维运营标准以采用现有信息技术服务标准为主，主要用于规范电子政务建设的运维运营服务，保障电子政务系统平台的平稳运行。测试评估标准包含测试标准与评价评估标准。测试标准主要对政务数据资源质量、政务信息系统进行测试评估，强化数据治理、提升数据质量。评价评估标准用于评价我国电子政务建设情况，为电子政务、数字政府建设指明方向，保障电子政务建设质量。

安全标准包括安全管理标准、安全技术标准与安全产品和服务标准。其中，安全管理标准针对电子政务系统建设与运行安全管理、电子政务为关键信息基础设施安全保护、电子政务数据安全管理等，以采用现有关键信息基础设施安全保护、数据安全管理和个人信息保护等标准为主。安全技术标准以采用现有网络安全技术标准为主，包括密码技术、数据安全技术、身份认证等标准。安全产品和服务标准，针对电子政务应用涉及的安全产品和服务，以采用现有信息安全产品服务技术要求和测评规范类标准为主。

全国总工会高度重视网信工作标准化工作的顶层设计，进一步完善工作机制，强化工会网信标准体系建设，制定并发布工会总体框架类标准、基础设施类标准、业务类标准、数据类标准，持续完善工会网信标准体系，发挥标准化在工会网信工作中的基础性、战略性、引领性作用。

一、总体框架类标准

全国总工会发布的总体框架类标准包括全国总工会信息化标准体系建设指南和“十四五”全国总工会信息化建设工程术语。

全国总工会信息化标准体系建设指南规定了全国总工会网络安全与信息化标准体系的参考模型和框架。全国总工会信息化标准体系框架由总体标准、业务应用标准、服务支撑标准、数据资源标准、基础设施标准、管理标准、安全标准 7 部分组成。

总体标准是指工会信息化建设所需的总体性、通用性标准，包括术语标准、标准化工作指南、参考模型标准等，用于对标准体系作出总体指导。其中，术语标准用于统一全国总工会信息化工程建设过程中的相关概念，为其他标准的制定提供支撑，适用于业务人员和技术人员在业务描述、系统设计、软件开发、使用维护等方面对术语的内涵和外延获得准确一致的理解。标准化工作指南规定全国总工会信息化工程建设总体要求，用于指导信息化项目的管理和标准的研制。参考模型标准用于指导全国总工会信息化工程建设技术应用、政务信息系统设计等。

业务应用标准主要包括业务流程、业务系统等标准。其中，业务流程标准用于规范全国总工会相关业务流程，指导业务有序开展。业务系统标准对业务系统的设计、建设、管理和相关技术进行规范，实现业务流程的重组优化和规范化，支撑全国总工会业务信息化建设。

服务支撑标准主要包括服务基础标准、服务应用标准。其中，服务基础标准主要明确工会相关服务事项的要素设置、材料要求和服务流程，对身份认证等支撑组件的技术、数据、标识、接口等内容进行规范，支撑各类证照、档案等系统的规划、设计、开发和利用。服务应用标准主要对工会服务平台、移动端以及应用所需的通用支撑组件等进行规范。

数据资源标准主要包括元数据、分类与编码、数据库、信息资源目录、开放共享、数据管理等标准。

基础设施标准包括软件基础设施、硬件基础设施和网络互联基础设施标准，用于指导基础设施的规划与建设。

管理标准包括运维运营标准以及测试评估标准。其中，运维运营标准以采用现有信息技术服务支撑标准为主，主要用于规范全国总工会信息化工程建设的运维运营服务，保障全国总工会服务平台的平稳运行。测试评估标准包含测试标准与评价评估标准，测试标准主要对数据资源质量、信息系统进行测试评估，强化数据治理、提升数据质量。

安全标准包括安全管理、安全技术、安全产品和服务等标准。其中，安全管理标准针对全国总工会信息化工程系统建设与运行安全管理、关键信息基础设施安全保护、数据安全管理等，以采用现有关键信息基础设施安全保护、数据安全管理和个人信息保护等标准为主。安全技术标准以采用现有网络安全技术标准为主，包括密码技术、数据安全技术、身份认证等标准。安全产品和服务标准针对现有工会服务平台等业务系统涉及的安全产品和服务，以采用现有信息安全产品服务技术要求和测评规范类标准为主。

“十四五”全国总工会信息化建设工程术语规定了“十四五”时期全国总工会信息化建设工程中的相关业务术语，主要包括业务工作术语以及信息化工作术语两大类。其中，业务工作术语中包含职工技能素质提升与技术创新、劳模和职工健康管理、职工就业服务、工会财务管理、工会“云脑”体系等业务平台中涉及的术语。信息化工作术语包含信息化工作中常用的应用、信息、安全等方面涉及的术语。

二、基础设施类标准

基础设施类标准包括硬件基础设施、软件基础设施和网络互联基础设施，用于指导基础设施的规划与建设。

硬件基础设施和软件基础设施都应符合国产化等相关要求，聚焦集约化建设。硬件基础设施包括计算资源、存储资源等服务资源，软件设施包括数据库、中间件、区块链等通用支撑软件的建设内容要求。工会网络互联基础设施标准是指工会相关数据传输交换过程中所涉及的电子政务外网、互联网及其他网络的基础要求内容的标准。

三、业务类标准

业务类标准主要包括业务流程、业务系统等标准，全国总工会共发布业务类标准两项：工会业务流程标准和工会业务系统标准。其中，工会业务流程标准用于规范全国总工会相关业务流程，指导业务有序开展。工会业务系统标准对全国总工会业务系统的设计、建设、管理和相关技术进行规范，实现业务流程的重组优化和规范化，支撑全国总工会业务信息化建设。

四、数据类标准

数据类标准主要涉及元数据、分类与编码、数据库、信息资源目录、开放共享、数据管理等标准。全国总工会共发布数据类标准四项，即信息资源分类及编码要求、信息资源目录核心元数据标准、工会数据交换共享数据集、全国总工会数据全生命周期管理要求。

信息资源分类及编码要求作为数据资源标准的基础类标准，规定了全国总工会信息资源的分类与编码要求等内容，适用于全国总工会信息资源的采集、整理、加工、使用、共享等全生命周期的管理，为各类数据库建设提供依据，为数据资源应用提供保障。信息资源分类及编码要求主要包括信息资源分类原则与方法、信息资源分类与编码以及维护规则。其中，信息资源分类及编码中包含主体分类与编码、公开属性分类与编码、业务主题分类与编码、部门分类与编码以及资源形态分类与编码等。

信息资源目录核心元数据标准主要包括基层会员、基层组织等主题库标准，规定了工会信息资源目录的核心元数据、元数据扩展原则与方式。关于该标准采用摘要表示的方式定义和描述元数据，在以摘要表示的方式定义和描述元数据时，包括中文名称、英文名称、定义、数据类型、值域、短名、注解、子元素、扩展巴氏范式等。工会核心元数据由 10 个元数据元素和6个元数据实体组成，可用于工会信息资源的描述、编目、元数据建库及数据交换。

工会数据交换共享数据集主要明确信息资源开放共享的数据要求、技术要求、管理要求等，支撑建立高效安全的全国总工会信息资源交换体系。该标准规定了全国总工会工会应用系统之间共享交换的数据集的描述方法、描述属性要求、数据集数据元属性，给出了全国总工会工会平台的共享交换数据集，主要内容包含了数据集类型与描述规则、工会会员业务数据集以及工会单位业务数据集。其中，工会会员业务数据集中涉及各工会会员的基本情况，如个人学历、工作情况、专业技术、学术成果、获奖情况等信息。工会单位业务数据集包括工会单位的基本情况、人员结构、国家职业资格结构、社会保险以及工会组织的基本信息、资质信息、五一劳动奖章、工人先锋号等信息。

全国总工会数据全生命周期管理要求围绕数据使用全过程，从数据管理能力、数据服务管理、个人信息管理、数据质量管理等方面进行规范。其中，全国总工会数据管理的全生命周期包括采集、传输、存储、处理、服务和退役6个阶段，在服务过程中着重要开展数据目录管理和数据交换共享，同时数据质量管理贯穿整个环节。

元数据、分类与编码等标准作为数据资源标准的基础类标准，为各类数据库建设提供依据，为数据资源应用提供保障。数据库标准主要包括基层会员、基层组织等主题库标准。开放共享标准主要明确信息资源开放共享的数据要求、技术要求、管理要求等，支撑建立高效安全的全国总工会信息资源交换体系。数据管理标准围绕数据使用全过程，从数据管理能力、数据服务管理、个人信息管理、数据质量管理等方面进行规范。

五、运维类标准

运维类标准包括运维运营标准以及测试评估标准。全国总工会运维类标准主要是工会服务平台运维保障要求。该标准以采用现有信息技术服务支撑标准为主，主要用于规范全国总工会信息化工程建设的运维运营服务，保障全国总工会服务平台的平稳运行，规定了工会服务平台的基础设施、软件运维、安全运维、运维规程等内容。基础设施运维要求规定了运维服务内容、物理环境运维、硬件运维等要求。软件运行维护要求规定了软件设计阶段、交付阶段、运行维护阶段以及数据运行维护、变更管理规范、信息系统迁移等要求。安全运维包含资产管理、日志管理、访问控制、密码管理、漏洞管理、备份以及安全事件管理及响应等要求。

六、安全类标准

安全类标准涉及安全管理、安全技术、安全产品和服务等标准。全国总工会安全类标准包括信息安全管理规范及云脑平台安全防护技术要求。

其中，信息安全管理规范针对全国总工会信息化工程系统建设与运行安全管理、关键信息基础设施安全保护、数据安全管理等，以采用现有关键信息基础设施安全保护、数据安全管理和个人信息保护等标准为主。

云脑平台安全防护技术要求以采用现有网络安全技术标准为主，包括密码技术、数据安全技术、身份认证等标准。安全产品和服务标准针对现有工会服务平台等业务系统涉及的安全产品和服务，以采用现有信息安全产品服务技术要求和测评规范类标准为主。云脑平台安全防护技术要求规定了全国总工会“云脑”平台的安全防护建设要求，包括边界防护要求、访问控制和授权管理要求、操作审计要求、数据防护要求等。信息安全防护通用要求包含了基本安全、访问控制、管理要求。边界防护要求包含边界访问控制、接入身份认证以及边界入侵防护要求。访问控制和授权管理要求包括平台分区分域、统一权限控制以及数据访问审核要求。操作审计要求包含了用户操作、管理运维以及异常行为审计要求。数据防护要求包含了存储数据加密、传输数据加密、外发数据脱密以及外发数据检查要求。

思考题：

1. 工会网络安全和信息化建设的建设思路有哪些？
2. 电子政务标准体系框架包含哪些内容？
3. 简述构建工会网上服务评价体系的内容？

第四章　巩固发展工会网上舆论阵地

第一节　构建网上舆论阵地

一、网上舆论的发展概况

（一）网上舆论的形成与特点

网上舆论，是指在互联网上流行的对社会问题的不同看法，是社会舆论的一种表现形式，是通过互联网传播的公众对现实生活中某些热点、焦点问题所持的有较强影响力、倾向性的言论和观点。

网上舆论的形成一般会经历“问题出现—社会讨论—合意达成”的过程。首先，通过网络原创或者转载传统媒体报道的形式，在互联网上传播某些事件或话题；其次，网民借助论坛、微博等网络平台在网络上讨论；最后，传统媒体介入并进行深入报道，在网络媒体和传统媒体的交互作用下，形成主流意见。

网上舆论具有“快”、“多”、“隐”的特性。一是“快”。在传统媒体传播中，信息的“发布—酝酿—爆发—减弱”周期有着清晰界限，遵循一定的规律，有着多重关隘，能够相对及时地得到控制。在网络世界中，这一周期的规律性则大为削弱，舆论的传播突破了时空限制，能够第一时间到达受众，并发生多对多传递，实现信息流的实时补充，最终形成信息团。二是

“多”。进入新时代，我国社会主要矛盾已经转化为人民日益增长的美好生活需要和不平衡不充分的发展之间的矛盾。一方面，面对社会转型时期带来各类潜在社会风险的累积、各种利益主体的相互争夺、各种矛盾相关方的互相冲突，舆论发展的素材呈现上升趋势。另一方面，面对人民群众的个性诉求不断增多、思想自由程度不断提升，在网络技术的支持下，群众的表达意愿高涨。舆论信息在多方积累、热度集聚的情况下，容易呈现不可控状态。三是“隐”。在网络舆论环境下，容易受到不良文化的侵袭。这种侵袭可能存在于日常工作和生活的各个角落并变得隐蔽。同时，公众的内心感受、个体诉求也能很快通过舆论工具传播出去，形成信息流、舆论场，可能影响社会整体氛围。

（二）构建网上舆论阵地的重要意义

党的十八大以来，以习近平同志为核心的党中央从进行具有许多新的历史特点的伟大斗争出发，开展了一系列网络意识形态领域的重大斗争，从根本上扭转了过去网上乱象丛生、阵地沦陷、被动挨打的状况，网上正能量更加充沛、主旋律更加高昂，社会主义核心价值观深入人心，走出了一条符合中国国情、具有中国特色的治网之道。

2018 年 8 月，习近平总书记在出席全国宣传思想工作会议时再次强调，我们必须科学认识网络传播规律，提高用网治网水平，使互联网这个最大变量变成事业发展的最大增量。

2023 年 3 月，中国互联网络信息中心（CNNIC）发布第 51 次《中国互联网络发展状况统计报告》。报告显示，截至 2022 年 12 月，我国网民规模达 10.67 亿人，较 2021 年 12 月增长 3549 万人，互联网普及率达 75.6%。新闻客户端和各类社交媒体成为很多干部群众特别是年轻人的第一信息源，而且每个人都可能成为信息源。有人说，以前是“人找信息”，现在是

“信息找人”。互联网已经成为当前舆论工作的主阵地，这个阵地我们不去占领，可能就会被别人占领；如果我们不主动宣传、正确引导，别人就可能先声夺人，抢占话语权。加强网上舆论工作具有重要的政治意义和现实意义。

（三）加快工会网上舆论阵地建设的重要意义

面对互联网蓬勃发展的潮流和趋势，进一步加快工会网上舆论建设非常重要、非常迫切。首先，加强工会网上舆论建设是更好地组织职工的需要。群众在网上，工会组织要下大气力开展网上工作。不断扩大工会组织覆盖面，必须适应职工在网上的趋势，通过互联网、新媒体等各种手段，加强与职工之间的沟通联系，与职工“零距离”接触，更好地联系职工、组织职工。其次，加强工会网上舆论建设是更好地服务职工的需要。为适应互联网时代职工群众日益多元化、个性化的需求，工会新媒体建设不仅要把工会工作拓展到网上，而且要以此促进工会业务管理扁平化、工会服务职工普惠化，促进工作流程不断优化。以工会组织的自我革新，提升职工群众的获得感。最后，加强工会网上舆论建设是更好地凝聚职工的需要。随着信息技术的飞速发展，互联网变成了一个巨大的舆论场。工会要在网络意识形态斗争的主战场中发挥作用，就必须通过互联网了解职工群众所思所愿，掌握引导网上舆情，凝聚社会共识，增强社会正能量。总之，加强工会网上舆论建设，是贯彻落实习近平总书记关于网络强国的重要思想，适应网络社会发展趋势，深化新时期工会改革的必然要求。我们要努力把广大职工队伍更加紧密地团结在党的周围，坚定不移听党话、跟党走。要深刻认识做好工会网上工作的时代意义，努力开创工会网上舆论引导工作的新局面。

二、工会网上舆论工作的开展情况

近年来，各级工会高度重视网上舆论工作，把工会网上宣传和舆论引导工作摆在重要位置来抓，在理论武装、典型选树、品牌打造、阵地建设、职工网络文化等方面做了大量工作，推出一系列有影响、有创意、有实效的活动，涌现出一大批网络文化精品。广大职工网民热烈响应、踊跃参与，覆盖面、影响力不断扩大，有效凝聚了全国亿万职工网民昂扬向上、团结奋进的磅礴力量，取得了良好的工作成效。

（一）理论武装日益深化，职工网民思想认识更加统一

始终把学习宣传贯彻习近平新时代中国特色社会主义思想作为首要政治任务，充分运用网络宣传优势，开展网上理论和形势政策宣讲，运用易于传播的微镜头、短视频，使新时代党的创新理论更加可亲可感，真正走近职工身边、走进职工心里，夯实亿万职工网民听党话、跟党走的思想根基。

（二）组织领导不断加强，制度机制建设日趋完善

贯彻落实中共中央办公厅、国务院办公厅《关于加强和改进新时代产业工人队伍思想政治工作的意见》，各级工会出台实施方案或具体举措。全国总工会制定《关于加强和改进工会新闻舆论工作的意见》、《关于加强新时代职工文化建设的指导意见》、《全国职工素质建设工程五年规划（2021—2025年）》等文件，修订《全总党组贯彻落实〈党委（党组）意识形态工作责任制实施办法〉实施细则》，制定快速响应新闻发布机制、舆情引导机制等，为工会做好网上舆论工作提供遵循。

（三）“工”字品牌特色突出，职工网民昂扬向上、团结奋进的氛围日益浓厚

贯彻落实中办、国办印发的《关于加强网络文明建设的意

见》，广泛开展“网聚职工正能量 争做中国好网民”主题活动。各级工会组织和网信系统扎实推进，先后推出“劳动颂歌献给党”、“时代追梦人 影领正能量”、“小程序应用”等一系列有影响、有创意、有实效的活动，涌现出一大批网络正能量文化精品。2022 年，又新增“职工网络达人征集”、“新媒体账号征集”等项目，进一步彰显网络特色和优势，推动形成崇德向善、见贤思齐的网络文明环境。

（四）做实工会“互联网+”普惠性服务，职工网民在共享互联网发展成果上有更多获得感

构建以“互联网+”普惠服务为重点的网上服务职工体系。2019 年开始设置“互联网+”工会普惠服务优秀平台评选活动，2020、2021 年持续完善《互联网+工会普惠服务优秀平台评价指标体系》，以此引领各级工会充分运用互联网技术，不断拓展主题活动的深度和广度。加快推进实施《全国工会网络安全和信息化“十四五”规划（2021—2025 年）》，打造逻辑统一、覆盖全国的大数据系统和服务平台。从“智送清凉”到商超抢单，从“工惠保”到“平安返乡”补助，从消费扶贫到“职工消费券”暖心包，各级工会不断为广大职工提供普惠性、常态性、精准性服务，把亿万职工的“网上家园”打造得更加名副其实。

（五）网上舆论引导持续有力，工会声音更加响亮

召开中央新闻媒体（网站）工会新闻宣传座谈会、全国工会新媒体建设推进会，发挥工会报刊、网站、文化、出版、新媒体等宣传阵地作用，打造“技能强国—全国产业工人学习社区”、“学习强会—全国工会知识服务平台”，整合报、网、微、端、屏等媒体资源，精心策划一系列符合新媒体属性的网络宣传活动，使工会网上宣传更接地气。基于当前形势，提前研判网络舆情风险点，特别是立足涉工涉劳动领域视角，找准可能

引发网民“不谋的共谋”的痛点、舆论关注的看点，做好网络舆情监测报告。举办全国工会新媒体评论队伍建设系列交流活动，壮大工会网评力量，加强培训培养，初步打造了一支讲政治、懂工会、会传播的专门人才队伍。

三、工会网上舆论工作面临的挑战

随着经济社会快速发展，社会主要矛盾发生变化，我国职工队伍结构深刻调整，在利益诉求、价值取向、思想观念上呈现多元多样多变的新特征，给新时代工会网上舆论工作带来新的挑战。

（一）我国发展面临的国内外环境日益复杂，统一思想、凝聚力量的任务更重

从国际看，世界面临百年未有之大变局，敌对势力加紧对我国实施西化、分化战略和意识形态渗透，劳动领域意识形态风险增多，我国面临的外部环境日益错综复杂；从国内看，国内改革发展稳定任务艰巨繁重，越是在严峻复杂的形势面前，越是在艰巨繁重的任务面前，越需要团结引领广大职工步调一致、万众一心，在全面建设社会主义现代化国家新征程中贡献力量。

（二）社会主要矛盾深刻变化，理顺情绪、化解矛盾的任务更重

一方面，职工群众对美好生活的需要日益增长，自主意识、法治意识、维权意识不断增强，从满足基本生活需要向提升生活品质转变，从满足物质性需求向体面劳动、实现自我价值等社会性、精神性需求转变；另一方面，随着数字经济、平台经济等新业态蓬勃兴起，部分行业性、局部性劳动关系风险加大，新经济、新业态用工不规范引发的矛盾逐步增多。如何把握新时代社会主要矛盾的新变化、劳动关系的新特征、职工群众的新诉求，

以解决实际问题增强网上舆论工作的实效性，任重而道远。

（三）科技革命迅猛发展，把正方向、引领思想的任务更重

一方面，当前，媒体格局和舆论生态加快重塑，互联网已经成为职工学习生活的新空间，成为获取信息、沟通交流的大平台，在带来极大便利的同时，也对职工思想观念、价值理念带来极大冲击；另一方面，互联网的开放性也增加了西方敌对势力在意识形态领域对我进行渗透、侵蚀的风险。如何发挥互联网的优势，应对网络风险和挑战，加强工会网上思想政治引领，成为做好职工思想政治工作的重要课题。

（四）工会网上舆论自身建设仍有待提升

部分干部对网上舆论工作的重要性认识不够，落实主体责任不到位，工会网上舆论引导工作的体制机制还不够完善、内容供给还不够丰富、覆盖面还不够充足、方式方法还相对单一，创新运用新媒体能力特别是对青年职工的吸引力、引导力，还需要进一步提高。

第二节　加强网上正面宣传

一、强化“工”字特色的网上内容建设

（一）加强职工思想政治引领

引导职工群众听党话、跟党走，巩固党执政的阶级基础和群众基础，是工会组织的政治责任。工会要适应新形势新任务，加强和改进职工思想政治工作，多做组织群众、宣传群众、教育群众、引导群众的工作，多做统一思想、凝聚人心、化解矛盾、增进感情、激发动力的工作，更好地强信心、聚民心、暖

人心，使广大职工在理想信念、价值理念、道德观念上紧紧团结在一起。

思想建党，理论强党，理论武装是最强大的武装。坚持用习近平新时代中国特色社会主义思想引领广大职工，巩固亿万职工团结奋斗的共同思想基础，是强化“工”字特色的网上内容建设的首要任务。近年来，各地工会坚持工会组织的政治属性，坚定正确的政治方向，坚定不移体现党的意志、反映党的主张、传播党的声音，通过微博、微信公众号、短视频号、App等网上舆论阵地高扬思想旗帜，加强职工思想政治引领。

津工智慧平台

津工智慧平台坚持职工思想政治引领，以工会组织和会员实名数据库为基础，以服务基层、服务职工、服务工会工作为目的，以“知工”App为核心应用，由“津工E家”微信公众号、天津市总工会官网和微博、今日头条、抖音官方账号以及《天津工人报》电子报共同组成，于2019年5月建成并上线运行。其中“知工”App和“津工E家”微信公众号注册用户均超100万人。平台核心应用“知工”App突出宣传习近平新时代中国特色社会主义思想，在显著位置及时转发习近平总书记的重要讲话、重要论述、重要指示批示、重要活动等新闻报道；专门设立学习习近平总书记关于工人阶级和工会工作的重要论述专栏，教育引导广大职工用党的创新理论武装头脑、指导实践、推动工作。同时，平台及时发布全国总工会、天津市委重要新闻信息和基层工会工作信息。3年多来，平台每年发稿3万余篇，年阅读量超过6000万次，有效增强了职工思想政治引领实效。平台开展“职工入会”、“法律咨询”、“在线学习”、“心理咨询”等工会服务，每年投入2500万元经费为职工会员提供贴心暖心的惠工服务。2019年、2020年、2021年，平台连续3

年被中央网信办、全国总工会评为全国“互联网+工会普惠服务”省级十佳平台。通过精心运行实践，津工智慧平台围绕职工思想政治引领，形成“工会服务、新闻资讯、网上申请入会、在线OA审批”闭环生态系统，活跃度不断提升，平台服务效果不断提升。

（二）壮大工会主流舆论

能否做好意识形态工作，事关党的前途命运，事关国家长治久安，事关民族凝聚力和向心力。习近平总书记指出：过不了互联网这一关，就过不了长期执政这一关。壮大工会主流舆论，要主动借助新媒体传播优势，完善运用体制机制，打通并用好同职工群众信息交流的新渠道。

壮大工会主流舆论，事关意识形态工作主动权和话语权。工人阶级是我国的领导阶级，讲好中国工人阶级故事和中国工会故事，强化“工”字特色的网上内容建设，不能只是从业务工作维度来认识，更重要的是从政治价值的维度高度重视，并以能否有利于掌握意识形态话语权、壮大工会主流舆论作为传播效果的根本标准。

壮大工会主流舆论，要紧紧围绕党和国家中心工作，坚持正确的政治方向、舆论导向、价值取向，大力宣传以习近平同志为核心的党中央对工人阶级的高度重视和亲切关怀，深入宣传亿万职工凝心聚力、建功立业的火热实践，广泛宣传各级工会服务职工、改革创新的积极作为，大力弘扬劳模精神、劳动精神、工匠精神，提高工会新闻舆论传播力、引导力、影响力、公信力，唱响奋进新征程的时代主旋律。

广东工会融媒体中心

广东工会融媒体中心于2020年4月正式成立，由广东省总工会宣传教育和网络工作部统筹协调并进行业务指导，智慧办和南方工报社具体运作。中心坚持正确导向，以内容为王，围绕工会中心工作、重大主题和热点议题，推出了一系列传播力强、社会反响好的全媒体策划。紧扣庆祝建党100周年主线，中心相继推出多个“红色”栏目，如大型图、文、视频专题报道《岭南红土 粤工传承》，探寻全省各地红色遗址和足迹，讲述革命和传承故事；在“粤工惠”开设《学党史 明初心》专题，及时报道全省各地工会党史学习教育；推出广东工会“智送清凉”系列报道、新就业形态劳动者建会入会主题策划、广东工人文化宫建设改造专题报道、“五一劳模”、“南粤工匠”等先进人物的主题报道、劳动创造幸福《向上吧！追梦人》视频征集活动、《工会法》修订系列报道和评论等，均做到“一次采集、多种生成、立体传播”；推出的品牌时评栏目《慧眼会语》，饱含了工会人对新时代职工群众生产生活和工会业务工作的关切和思考。用互联网语言、融媒体元素打造具有广东工会特色的产品，让报道可读、图片可看、视频可视。广东省总工会十四届三次全委会召开后，中心连续推出三期“图说全委会工作报告”；广东新冠肺炎疫情暴发以后，推出《工会人“战疫图”》；“七一”前夕，推出长图“百年党史中的工运记忆”；中华全国总工会旧址和省港罢工委员会旧址全新亮相后，采用文图、视频、直播等全媒体手段进行立体传播；用手绘条漫的形式创作“广东工会年终总结”，粉丝惊喜之余纷纷留言：娘家工会原来如此可亲可爱。新冠肺炎疫情防控期间，中心记者深入战疫一线拍摄的短视频，在广东省总工会微信视频号上的点击量达到40万+，全网点击量超过百万。

（三）打造职工群众喜闻乐见的话语表达体系

习近平总书记强调，要转作风改文风，俯下身、沉下心，察实情、说实话、动真情，努力推出有思想、有温度、有品质的作品。

话语是传播中最具深刻性和普遍性的中介。话语形式的选择通常是媒体传播的前提，即用怎样的语言和修辞手段去表达所要传播的意识形态。通过话语形式创新，使党的声音具有更强的传播力、引导力、影响力、公信力，使新时代党的创新理论深入群众、深入基层、深入人心，增强职工群众对党和社会主义事业的理论认同、政治认同和情感认同。

强化“工”字特色的网上内容建设，要在充分利用新媒体技术的基础上，突破传统的宣传话语框架，不断打造职工群众喜闻乐见的话语表达体系。在坚持政治导向的前提下，以主流意识形态话语为引领，不断改进网上正面宣传的话语表达方式，从而引导主流舆论，巩固党执政的阶级基础和群众基础，为组织动员广大职工在新征程上建功立业，在新发展阶段充分发挥工人阶级主力军作用提供强大精神力量和舆论支持。要主动契合广大职工的心理特点和接受习惯，用平易近人的方式、生动的案例、朴素的语言深入浅出、娓娓道来，让网评真正看得懂、听得明白。要在语体表达上更注重使用短语短句，增加平铺直叙和通俗易懂的用语，吸纳和改造网络语言，接地气有生气，运用职工的话语表达职工的生活。要注重情感化叙事，关心关注包括产业工人在内的广大职工的日常生活和所思所想，使用具有情感倾向的语言吸引职工的注意力，拉近与职工的距离，注重以理服人和以情感人的有机结合。

“申工社”微信公众号

“申工社”微信公众号于2014年9月开通，目前粉丝数突破171万人，累计发布微信文章近7000条，总阅读量超过2.1亿次。“申工社”不断寻找职工渴望权益的“痛点”，设计各项工会服务举措，开发服务大厅，实现政务微信号的服务功能，并多次升级改版，不断拓展和完善各类功能。已开通包括在线入会和参保、会员卡服务、法律咨询、招聘求职、交友等超过20项服务功能。推动工会系统内部实现联动，在规定时间内给予准确专业的解答，针对职工维权需求逐级落到实处。通过这样的粉丝交流互动，建立黏性，打通工会服务与职工的通道，让“最后一公里”变成“指尖零距离”。“申工社”摒弃“官话”、“套话”，通过“网言网语”、视觉形象、大众表达等方式，让政策文件、工会主张直入人心。无论是严肃的全委会、务虚会、工作论坛，还是枯燥的文件、讲话、总结，“申工社”都会将其投射到社会上，寻找热点、亮点、焦点，用热词、热应用、新技术进行展现，创建一个职工阅读的全新视角。如将上海市总工会各个部门一年一度的工作总结编成“这一年，上海工会也是蛮拼的”；对全委会提出的工作思路，寻求关键词凸显观点：“维权，不当鸵鸟，不和稀泥”；关于市总工会实施服务职工实事项目的报道，切合国家治理、社会热点节拍，落脚点在“福利”上：“工会九大福利，你享受到了吗”……通过运用与职工拉近距离的表达方式，既发布最新最快的工会工作和服务职工的实用信息，又及时准确地传递上海工会维护职工权益的声音、政策、主张，回应社会、职工关注的舆情，获得了较好的传播效果。

（四）发出工会组织和职工群众的正能量、好声音

强化“工”字特色的网上内容建设需要考虑到受众群体的变化。在当下的网络环境中，受众已不再是被动接受话语，而是主动选择话语。在网络传播中，受众不选择、不理解或不接受的话语都是无效的话语，而话语形式和话语机制的变化是传播者能够主动参与并发生作用的。但是，传播受众的变化与社会发展进程息息相关，受政治、经济、技术、社会等多种因素的影响，反而需要传播者去认识和研究这一变化。

为了最广泛地动员和凝聚工人阶级这一主流受众群体，提

高对主流受众群体的吸引力，从而巩固主流舆论场，要坚持“从职工中来、到职工中去”，积极发出工会组织和职工群众正能量、好声音，深入挖掘各级工会在服务职工中的先进经验和做法、职工群众的感人事迹，积极与职工群众交朋友，注重掌握职工群体的思想动态，适应职工群体的需求变化，深入了解和关心职工群体的思想特点和合理诉求。要通过正面宣传，帮助青年职工解决婚恋、子女教育等实际难题，加强政治关心、工作关爱、生活关怀，让职工群体感到事业上有奔头、工作上有干头、生活上有甜头。要引导广大职工将现实诉求与国家经济发展紧密结合，调动他们的积极性、创造性，立足本职岗位建功立业，促使广大职工在思想深处认可“社会主义是干出来的，新时代是奋斗出来的”。

“苏工网语”原创专栏

江苏省总工会紧扣党中央关于“筑牢网络舆论阵地，构建清朗网络空间”重要指示精神，围绕全国总工会关于“推进工会网评队伍建设”决策部署和省总工会关于“加强网络意识形态工作”具体要求，把网络作为职工思想政治工作新阵地，坚持正确舆论导向和价值取向，以“江苏工会”微信公众号为阵地，于2019年3月开设了“苏工网语”原创专栏，致力于打造有态度、有深度、有温度的“工”字特色精品网评专栏。3年多来，专栏坚持围绕工会工作、职工关注、劳动精神、社会热点等内容，从职工角度出发，力求以正确的舆论导向和价值取向服务职工、引导职工、影响职工。经过不断探索，该原创专栏已逐步形成自身特色，即短小精悍，言之有物。该原创专栏的选题以小见大，论述简洁有力，能够引发共鸣，产生打动人心、温暖人心、鼓舞人心的强大正能量。迄今为止，专栏共发表原创评论作品百余篇，获得数万点赞，总阅读量突破20万次。该原创专栏的评论文章《传递“希望”的“90后”女校长！让榜样力量成为新时代的风尚》获评全国“五个一百”网络正能量精品，原创网评文章《评定更多“蓝领工程师”，打破技工发展天花板》、《就地或返乡：防疫为先，温暖过年》、《厚植理论素养应成为工会干部的必修课》等多次被全国总工会及其他地方工会官方微信号和工人日报等媒体转载。同时，“江苏工会”微信公众号以专栏为平台，依托工会工作优势，善借“外脑”，初步建立起一支包括工会干部、社区工作者、媒体记者、高校教师、企业职工等不同职业背景，政治觉悟高、文字能力强、网络水平好的网评队伍。江苏省总工会网信中心获评全省网评工作先进集体，专栏的传播力、影响力、覆盖面持续扩大，初步形成“苏工”特色网评品牌。

二、积极开展群众性网上主题活动

习近平总书记指出，要创新改进网上宣传，运用网络传播规律，弘扬主旋律，激发正能量，大力培育和践行社会主义核心价值观，把握好网上舆论引导的时、度、效，使网络空间清朗起来。在网络空间中，人们的信息接触习惯和阅读习惯等都与以往大相径庭，人与人、人与物、物与物之间的连接关系也随之改变。新媒体对社交属性的强调，越来越呈现出“关系为王”的时代特征。媒介技术变革和传播方式变革所形成的社会关系“大连接”格局，为加强网上正面宣传、推动新时代工会网上舆论工作高质量发展提供了新思路，要根据传播环境和舆论生态的变化，通过群众性网上主题活动吸引和凝聚职工，为工人阶级讲好自己的故事提供广阔平台。

（一）“网聚职工正能量 争做中国好网民”主题活动的发展历程

为贯彻落实习近平总书记关于“培育中国好网民”的重要

指示精神，推进工会网上工作创新，按照中央网信办《关于印发〈争做中国好网民工程方案〉的通知》要求，全国总工会和中央网信办联合在全国工会系统开展“网聚职工正能量 争做中国好网民”（以下简称职工好网民）主题活动，采取线上动员征集、线上线下共同展示的方式，广泛动员各级工会积极行动，征集有特长的职工群众创作各类弘扬主旋律、传递正能量、反映新风貌的优秀作品，把线下的组织优势和阵地优势与网上传播创新结合起来，大力营造清朗网络空间，推动网上网下“同频共振”，极大地激发了网络舆论积极向善的“正能量”。

2016年，全国总工会和中央网信办在北京联合举行职工好网民主题活动启动仪式，自此开启了工会系统“争做中国好网民”工程的精彩历程。

2017年，全国总工会将主题活动项目化，开展了职工网上练兵、微电影大赛、网络好职工读书征文等形式多样的活动，得到职工网民的热情响应和积极参与。

2018年，职工好网民主题活动分为网络正能量图文作品征集、动漫及音视频专题片作品征集、微电影征集等8个子项目，分别交由地方工会承办，进一步调动了地方工会的参与积极性。

2019年，聚焦庆祝新中国成立70周年这一主线，在新增“互联网+工会普惠服务优秀平台征集”子项目的基础上，举办“礼赞新中国70华诞 唱响新时代劳动者之歌”专场展示活动，为新中国成立70周年献礼。

2020年，为深入贯彻党中央奋力夺取疫情防控和实现经济社会发展目标“双胜利”的战略部署，全国总工会充分利用线上资源实施子项目，征集作品大多数与“战疫”、“扶贫”等主题相关，讴歌防疫抗疫、脱贫攻坚中的感人事迹和先进典型。

2021年，职工好网民主题活动在项目设置上进一步突出新技术应用，积极适应数字化、智能化时代新就业形态劳动者的组织化需要，聚焦近年来劳动关系热点难点问题，新增新就业形态劳动者网上入会及会员管理模式创新优秀案例征集、“互联网+”工会维权服务优秀案例征集、小程序应用优秀案例征集等子项目。

2022年，职工好网民主题活动以迎接宣传贯彻党的二十大为主线，统一思想、增进共识、凝聚力量，围绕网络文明建设目标任务，吸引广大职工群众积极参与网络文明建设，培育工会网络人士智库，新增正能量职工网络达人征集、网络正能量新媒体账号征集等子项目。

（二）职工好网民主题活动的亮点

坚持项目化推进、聚合工会系统力量。职工好网民主题活动在年初印发主题活动通知，由省级工会、产业工会和全国总工会直属单位承办活动各个子项目。全国总工会对子项目承办单位的活动方案、参评展示、网络投票、结果公示等进行审核把关，既明确目标责任、工作要求，又有效整合资源、形成合力。2021年，所有子项目均出台评选标准，以指标体系引领创新发展。7年来，各级工会组织和网信系统扎实推进，先后推出“劳动颂歌献给党”、“时代追梦人 影领正能量”、“小程序应用”等一系列有影响、有创意、有实效的活动，涌现出一大批网络正能量文化精品。全国总工会网络工作部每年都对主题活动精心进行设置，在2022年的工作中既保留深受喜爱、反响热烈的传统项目，又新增“职工网络达人征集”、“新媒体账号征集”等项目，进一步彰显网络特色和优势，突出正面宣传和典型培养，推动形成崇德向善、见贤思齐的网络文明环境。

顺应互联网发展趋势和实际工作需要，不断丰富活动内容。例如，职工好网民主题活动在2019年开始设置“互联网+工会普惠服务优秀平台征集”活动，在2020、2021年持续完善《互联网+工会普惠服务优秀平台评价指标体系》，更加突出移动化和便捷化、逻辑统一和统分结合、数据认证和数据决策、组织数字化转型和数字化领导力、媒体活跃度和平台黏性等指标，以此引领各级工会充分运用互联网技术，不断拓展主题活动的深度和广度。7 年来，从“智送清凉”到商超抢单，从“工惠保”到“平安返乡”补助，从消费扶贫到“职工消费券”暖心包，各级工会围绕职工好网民主题活动不断为广大职工提供具有工会特点的普惠性、常态性、精准性服务，把亿万职工的“网上家园”打造得更加名副其实。

遵循新媒体时代传播规律，努力创新理念和载体。坚持移动优先策略，科学设置子项目，优化活动各环节，加强与权威媒体的紧密合作，进一步提升活动影响力。2022 年，主题活动首次与新华网合作，立足疫情防控实际，以云直播的方式举办启动仪式和总结展示，传播效果空前。新华网客户端为活动打造开屏推广，启动仪式一个小时的现场直播，观看人数达 2600 万人次，形成现象级传播；总结展示活动时值岁末年初返乡高峰，仅通过新华网观看直播的就有 800 余万人次，传播覆盖 5000 余万人次，在职工和网民中引发热烈反响。

以正能量汇聚大流量，塑造职工网友的集体记忆。广大职工共同参与职工好网民主题活动，能够把他们在参与过程中接收到的信息和内容，转化为情感和联系的基底要素，使职工网友的集体记忆在互联网环境下发酵，从而形成彼此的身份认同和情感共鸣。从号召“一盔一带”《平安骑行》的警察，到穿梭在大街小巷有求必应的《快递小哥》；从《这一刻我要世界看见》的电力工人，到怀揣《梦想再出发》的铁路工作者……他们都是平凡的人，却因为一件事、一首歌、一段视频成了网络空间中争相学习的榜样。职工好网民主题活动充分激发了基层工会的活力，充分发挥了职工网民的积极性和创造性，也将网络正能量的支点筑得更广、更深、更牢。

2022 年“网聚职工正能量 争做中国好网民”子项目

1. “喜迎二十大”网络正能量歌曲征集。

动员广大职工群众以劳动颂歌喜迎党的二十大，用原创歌曲讴歌党带领人民走过的辉煌历程和取得的伟大成就，讴歌伟大的时代精神，展现各行各业取得的辉煌成就，展示劳动者风采。(承办单位：中国金融工会)

2. 网络正能量微视频征集。

面向广大职工征集充分展现党的光辉历程、党领导人民取得的伟大成就以及优秀共产党员的杰出贡献和优秀风范的视频作品；征集建功新时代、奋进新征程、劳动创造幸福、匠心绝活、网络安全和网络文明故事等积极向上、充满正能量的视频作品，突出“三个精神”，用镜头讲好劳动者故事。（承办单位：广西壮族自治区总工会)

3. 网络正能量摄影作品征集。

征集展现广大职工爱岗敬业、艰苦奋斗、勇于创新、甘于奉献的精神风貌，反映各行各业劳模风采、工匠技艺，展示重大科技创新、弘扬“三个精神”、企业火热劳动场景、新冠肺炎疫情防控、职工幸福生活场景的原创摄影作品。(承办单位：江西省总工会)

4. 网络正能量诵读作品征集。

活动以“阅读经典好书 争做中国好网民”为主题，积极响应首届全民阅读大会号召，引导职工在诵读中学习新思想，感受经典魅力，开启智慧人生。诵读内容为新思想诵读、经典文学作品诵读、个人原创作品诵读，所有作品制作成短视频展示。(承办单位：全国工会职工书屋)

5. 正能量职工网络达人征集。

面向广大职工征集能积极运用互联网新技术、新应用、新平台，在职工思想政治引领、弘扬“三个精神”、抗击新冠肺炎疫情、助力脱贫攻坚、职工权益维护、帮扶弱势群体、参与社会治理、促进劳动关系和谐等方面成绩突出，在网民中有一定影响力、凝聚力和号召力的网络达人。(承办单位：陕西省总工会)

6. “互联网+”工会普惠服务优秀平台征集。

引导各级工会严格按照《互联网+工会普惠服务优秀平台评价指标体系》推选普惠服务优秀平台，进一步规范普惠服务平台建设，加快构建网上普惠服务体系。(承办单位：厦门市总工会)

7. 网络正能量新媒体账号征集。

面向全国工会征集坚持正确政治方向、舆论导向、价值取向，创新利用网络化表达方式弘扬主旋律、传播正能量，具有一定原创作品生产能力，内容可读性强，活跃度高，在服务职工方面表现突出，具有广泛的受众基础和一定影响力的新媒体账号，征集对象包括各级工会组织在微信公众号、微博、抖音、快手以及今日头条等其他资讯类网络平台开设并经认证的机构账号。(承办单位：四川省总工会)

8. “互联网+”工会维权服务案例征集。

面向全国工会征集依托互联网开展的入会服务、法律维权、就业服务、困难帮扶、互助保障、技能提升、健康服务、安全生产、女职工服务等优秀案例，推动工会权益维护服务在线化、智能化建设。(承办单位：江苏省总工会)

9. 小程序应用优秀案例征集。

征集各级工会运用微信小程序开展职工思想引领、组织建设、权益维护、技能提升、特色服务等各类数字化活动的优秀案例，提升数字化应用能力和水平。(承办单位：广东省总工会)

10. 网络正能量创新活动征集。

征集各级工会充分利用互联网组织开展的各类创新活动。

包括各级工会围绕主责主业推进重点工作，创新运用互联网技术服务职工的各类线下线上融合开展的好活动、好做法、好经验。（承办单位：河北省总工会、“学习强会”）

三、加强新时代工会网上舆论工作的路径

立足新时代新征程，实现工会网上舆论工作高质量发展，必须坚持正确政治方向、舆论导向、价值取向，牢牢把握为实现中华民族伟大复兴的中国梦而奋斗的工运时代主题，紧紧围绕举旗帜、聚民心、育新人、兴文化、展形象的使命任务，做到用党的创新理论武装职工，用先进的文化培育职工，用正确的舆论引导职工，用高尚的精神塑造职工，用优秀的作品鼓舞职工，用真诚的服务赢得职工，引导广大职工坚定不移听党话、矢志不渝跟党走。

（一）学习贯彻习近平总书记关于宣传思想工作的重要思想、习近平总书记关于工人阶级和工会工作的重要论述，保持正确政治方向

把学习宣传贯彻党的二十大精神作为工会网上舆论工作的主线，加强议题设置，以立体化的呈现、精准化的传播，生动展现党的十八大以来的发展成就，生动展现工人阶级担当使命、奋勇向前的时代风采，积极引导广大职工网民唱响爱党爱国的昂扬主旋律。把学习贯彻习近平新时代中国特色社会主义思想作为重大政治任务，充分发挥工会新媒体、“学习强国”、职工书屋、产业工人学习社区、“学习强会”等平台作用，广泛开展面向职工的理论宣讲，根据青年职工、农民工、新就业形态劳动者等的差异化需求，采用职工喜闻乐见的方式，用“小故事”讲“大道理”，让党的创新理论“飞入寻常百姓家”。

（二）加快工会新媒体建设，构建“大宣传”工作格局

网上舆论建设涉及面广、技术性强、影响力大，需要统筹

谋划、多方联动、协作配合。加快各级工会开通新媒体账号步伐，让分散在网下的力量尽快进军网上，实现工会系统新媒体建设全覆盖。对事关工会工作全局、影响重大的网上宣传工作做好协调联动，全方位、一体化宣传好工会重大题材，形成工会上下、系统内外、网上网下、内宣外宣同频共振、一体发展的宣传格局。做好专项经费保障，提升软硬件水平，配强工作人员，运用市场机制引入社会力量和专业人才，为工会网上舆论阵地建设运营提供必要的工作条件和环境。

（三）着力提高网上舆论引导能力，扩大工会宣传工作影响力

加强组织策划，丰富作品题材，持续制造热点话题，推出爆款产品。要有“引关”之能，善于运用新媒体手法创作，善于运用“网言网语”表达，尤其要做精、做实、做活、做靓标题，让网民一看标题就被吸引住、点进来、看下去。要会“吸睛”之术，综合运用动漫、短视频、弹幕等新手段创造表达新范式，时刻紧跟互联网新媒体应用技术不掉队、不过时。要懂“做精”之道，运用大数据技术精准定位受众，从职工的不同需求偏好、阅读习惯等出发，调整内容生产、传播策略，实现分众化、差异化、智能化精准推送。

（四）在做强言论评论上下更大功夫，切实发出工会好声音

在评论言论方面，下更大功夫擦亮工会网络评论言论品牌。壮大工会网评力量，挖掘工会系统内政治立场坚定、有一定网上舆论宣传能力的工会干部或职工会员，培养一批精通网络传媒技术、具有互联网思维的工会专业写手，成为工会新媒体、网上宣传优质内容的最稳固的提供者，持续推出原创力作，在涉工问题尤其是热点话题、社会性话题上要及时发声、敢于发声、善于发声。

（五）创新载体、普惠职工，实现工会新媒体功能从单纯宣传向宣传服务一体化升级

工会网上工作是联系职工服务职工的重要平台。工会网上工作的核心机制是“互联网+”普惠服务，通过积极谋划、推动、引导工会网上工作建设，实现从单一宣传到宣传、服务一体化的升级。通过网上办事、网上服务，让职工关注、下载网上系统，使职工在日常生活中从慢慢喜欢它到离不开它。突出做好网上维权服务工作，突出维护好新就业形态劳动者合法权益，大力推行网上入会，创新服务内容和服务模式，让广大职工在网上能够找到工会组织，乐于参加工会活动。

（六）落实工会意识形态工作责任制，确保劳动领域意识形态安全

加强舆情监测和分析研判，综合施策，做好劳动领域热点问题的舆论引导，全面落实属地责任，对于侵害职工权益的重大突发事件，及时、主动、准确、权威做好新闻发布，加强网上正面宣传，确保舆情平稳。加强对工会意识形态阵地的管理，按照谁主管谁主办谁负责的原则，在工会的网、微、端、屏和网络平台账号落实“两个所有”，即所有平台都要纳入管理范围，所有相关从业人员都要实行准入管理，确保守土有责、守土负责、守土尽责，把“五个坚决”要求落到实处，努力做到“五个不发生”。

第三节　做好网络舆情监测和应对

网络舆情作为社会舆情在互联网空间的映射，是社会舆情的直接反映，成为了解职工群众思想动态的重要途径。

随着移动互联网的飞速发展和各种智能终端的普及，以互联网为代表的数字技术正在加速与经济社会各领域深度融合，使我

国的媒介生态发生翻天覆地的变化。移动互联网之上的“两微一端”等新媒体成为职工群众获取社会热点信息的第一来源。

一、网络舆情的界定

（一）什么是网络舆情

舆情是社会民意的表现，涉及公众对社会生活中各个方面的问题尤其是热点问题的公开意见或情绪反应，是多种情绪、态度和意见交错的总和。关于网络舆情的定义，目前尚没有定论。有学者认为舆情是指民众受中介性社会事项刺激而产生的社会政治态度，而网络舆情则主要指使用网络者（网民）的社会政治态度。也有学者认为，网络舆情是社会舆情的一种表现形式，是公众在互联网上公开表达的对某种社会现象或社会问题的具有一定影响力和倾向性的共同意见。

综合当前比较有代表性的观点，结合工会工作，我们认为网络舆情是指在一定时段内，网民群体针对某些社会现象或突发事件，在网络平台上集中表达的情绪、态度以及意见的总和。

随着互联网普及率的不断提高，网络舆情对政治生活秩序和社会稳定的影响与日俱增，一些重大的网络舆情事件使人们开始认识到网络对社会监督起到的巨大作用。但是，如果网络舆情尤其是负面网络舆情处理不当，极有可能诱发社会舆论的不良情绪，进而引发职工群众的违规甚至过激行为，对社会稳定构成威胁。

（二）网络舆情的特点

1. 突发性和不可控性。

新媒体时代，无论是政府机关还是企业机构，无不对网络舆情高度重视。一方面，网络舆情呈现了职工群众的态度和评价；另一方面，网络舆情的爆发不以人的意志为转移。一件看似不经意的事件甚至个人一句负气的话、一张图、一个表情，经过网民层层加工，就可能形成网民普遍关注的网络舆情。俗话说，好事不出门，坏事传千里。由原生舆情诱导出来的次生舆情同样具有强大的“倒逼”压力，在一定程度上更会令当事主体措手不及，给舆情应对和处置带来挑战。

2. 非理性和群体极化性。

李普曼曾提出，由于兴趣、自我利益等因素的影响，公众作出的判断往往是主观的、非理性的。网络空间的匿名性、开放性和交互性给公众提供了释放情绪、表达情感和宣泄不满的场所。为了表达情感，有些网民容易成为网络舆情中盲目的跟风者，产生转发不实信息，发表负面言论等行为，甚至制造和传播谣言、网络谩骂和恶意诋毁他人。虽然就网民个体而言，每次浏览、点击、评论的传播效果都比较小，但是一旦引起网民共同关注、参与、传播，就会在短时间内形成舆情风暴，强化甚至极端化网民个体的初始观点，呈现明显的群体极化性。经过一轮轮发酵，有的网络舆情甚至远远偏离事实，导致网络暴力和网络审判的发生。

3. 多元性和复杂性。

网络舆情不是某个人或者少数人的话语，而是一定规模的网民群体在网络平台上集中表达的情绪、态度以及意见的总和，而且这种情绪、态度和意见的表达是基于互联网的开放、匿名、自由性的。“一百个读者就有一百个哈姆雷特”，面对网络舆情事件，不同网民群体可能会有多种观点，甚至可能有完全相反的评价。在此过程中，不排除相关利益方采取多种手段干扰舆情发展走向，让舆情走向扑朔迷离。

二、网络舆情与工会工作

工会是经济关系、劳动关系矛盾的产物。《新时代我国青年职工思想状况研究》一书中提到，1980 年及以后出生的职工已成为我国职工的主体、职场的中坚，他们是“信息时代的原住民”。可以说，劳动领域网络舆情既是职工群众所思所想在网络空间的映射，也是职工群众的生产生活境遇的间接表现。劳动领域负面网络舆情更是突出反映了职工群众关注的热点问题，是当前工会工作必须重视和认真研究的课题。

（一）劳动领域负面网络舆情的特征

1. 劳资纠纷是负面网络舆情最常见的触发因素。

改革开放以来，我国在经济飞速发展的同时，社会结构也在不断地变化、调整和转型。我国的社会转型是由工业化、信息化、城镇化、市场化和国际化的进程共同推动的。这种多领域的改革和全方位的开放形成了复杂的互动，使我国经济社会结构、组织形式、就业方式和分配方式日益多样化，进而导致了利益格局多元化和价值体系多样化的局面，经济社会发展中潜伏的矛盾激化和爆发，促使劳动关系领域的突发事件不断出现。随着新业态的不断发展，新就业形态劳动者的权益维护体系尚未健全，由此触发的网络舆情层出不穷。

2. 负面网络舆情可能与事实有较大偏差。

劳动领域涉及职工群众的现实利益，有的人为了表达诉求、达成心愿，可能会故意在网上夸大甚至歪曲事实，试图通过舆论压力获取更多经济利益。在常见的讨薪舆情中，很多是利益方利用党和政府对欠薪问题的重视，以“欠薪”为由讨要工程欠款。但一些网民的关注点并不在真相如何，他们宁愿相信自己的理解和判断，并在情绪化的表达中不断将网络舆情推向高潮。

3. 往往来自线下且易走向线下。

劳动领域的话题与职工群体现实利益关联紧密，劳动领域网络舆情的产生有着深刻的现实诱因，源于线下，也易走向线下。有学者指出：公众拥有了更多发表劳动关系意见、观点和主张的机会，公众对劳动关系评价的影响范围也更为广阔，网络上劳动者之间彼此声援的能力更强。由于有着相同的诉求，职工网民可能会通过移动端实现“抱团”集结，容易在线下现实利益的驱使下由网上发声发展到线下行动，使劳动领域网络舆情成为影响职工队伍稳定的潜在风险。

（二）劳动领域网络舆情对工会的影响

1. 工会网络舆情的主要内容。

劳动领域网络舆情大多由劳动领域突发事件引发，具有明显的主体性。网民在评判舆情事件时，一般主要针对舆情事件的主要参与方，比如用人单位或者职工，但也可能在负面舆情事件中对工会产生联想性负面评价。尽管他们的声音在整个负面舆情风暴中属于少数，但对于做好工会工作仍具有一定参考价值。

2. 网络舆情对工会的积极作用。

首先，随着劳动领域网络舆情发生发酵，部分网民意识到，面对过于强大的资方，要有职工自己的组织来为自己说话，成立工会组织的必要性被许多网友认可。其次，劳动领域网络舆情尤其是负面舆情对于用人单位存在一定震慑效果，让他们看到了职工群众的力量，促进用人单位重视维护职工权益，提高成立工会组织的意愿。最后，这也会引起工会组织和工会干部的反思，对工会工作产生一定的警醒作用。劳动领域网络舆情的产生不是无缘无故、毫无征兆的，如果基层工会尤其是企业工会能够第一时间发现苗头，协助解决职工问题，保护职工合法权益，职工就无须上网表达诉求、引发舆情。

当前，企业工会组织作为化解劳资矛盾“桥头堡”的作用亟待加强。要充分调动企业工会的主动性，在一线切实发挥作用，让企业工会真正成为职工信任的“职工之家”。

三、科学应对工会网络舆情

习近平总书记在全国劳动模范和先进工作者表彰大会上指出，健全联系广泛、服务职工的工会工作体系，努力提高工会工作能力和水平。《国务院办公厅关于在政务公开工作中进一步做好政务舆情回应的通知》明确要求，对涉及地方的政务舆情，按照属地管理、分级负责、谁主管谁负责的原则进行回应，涉事责任部门是第一责任主体。群团组织也应参照执行。对于涉及工会的网络舆情，要立足客观实际，根据网络舆情产生的原因分类应对、分别处置。

（一）网络舆情的诱因

1. 某项具体工作或某一言行引发网民关注。

工会工作是党的群团工作、群众工作的重要组成部分，是党治国理政的一项经常性、基础性工作。中国工会有着长期的优良工作传统，为职工群众办了大量好事。一般情况下，工会工作不会引发负面网络舆情，但不排除有个别工会组织或工会干部因工作不到位而引起职工和会员的不满。如果未能及时倾听回应职工群众呼声，可能导致他们在网上表达诉求，从而引发直接针对工会的负面网络舆情。

2. 涉及工会组织和工会干部的不实信息和谣言。

在网络舆情的不实信息和谣言中，有的不实信息是误会和巧合，有的则是恶意为之。近年来，随着网络空间法治建设逐渐完善，出现不实信息和谣言的概率明显降低。但网民曲解“有图有真相”的负面信息，也会造成负面网络舆情。当发生负面舆情后，工会要积极主动了解事情真相，并及时对不实信息进行澄清，维护工会组织和工会干部形象。

3. 劳动领域负面网络舆情引发连带负面评价。

随着工会网络宣传力度不断加大，越来越多的劳动者认识到工会是维护劳动者合法权益的组织，工会干部是职工群众的“娘家人”，但也导致一些涉及劳动者权益的负面网络舆情可能掺杂着个别针对工会的负面声音。由于涉及劳资矛盾的负面网络舆情时有发生，因此与前几个诱因相比，这类负面连带评价出现的概率较大。虽然这种连带负面评价算不上严格意义上的网络舆情，但由于其发生概率相对较高，也易引起网络传播，需要各级工会干部积极应对。

（二）科学应对负面网络舆情

《工会法》和《中国工会章程》对中国工会的性质、任务、工作方针、权利和义务等作出了明确规定。工会在党的领导下，在法律框架内依法履行职责。面对涉及工会的负面网络舆情，也应在法律框架内科学理性地开展应对工作。根据网络舆情的特点，工会组织面对负面网络舆情，要从分析原因着手，有针对性地采取应对措施。

第一，对于因不当行为诱发的负面舆情，首先要责成属地工会迅速查明事实真相，认真分析产生不当行为的原因，深刻反省，及时整改，对不当行为负责。必要时，要在当地党委、政府和上级工会的指导下，向社会公布调查和整改结果，尽量消除负面影响。

第二，对于公众人物关于工会的负面言论，要具体问题具体分析。如果他们对工会的负面评价属实，则参照上一条处置；如有失公允，可通过加强正面宣传，以实际行动为工会正名。

第三，对于涉及工会的不实信息和谣言，要根据相关法律法规，依法向网信部门投诉，请网信部门对不实信息和谣言进行技术处理，防止谣言进一步扩散。如发布不实信息和谣言者别有用心、触犯法律，则向公安部门报案，依法维护工会名誉。

第四，对于劳动领域负面网络舆情，要紧紧围绕工会主责主业，把劳动领域负面网络舆情看作工会了解职工群众所思所想的重要渠道，创新工作方式方法，积极主动寻找工作突破口，推动责任单位解决职工群众的合法诉求。在此过程中，要坚持以事实为依据，不能被舆论左右判断，更不能越俎代庖、妄下结论，参与“舆论审判”。

工会网络舆情监测和处置工作更多面对的是劳动领域与工会无直接责任关系的负面网络舆情。经过对劳动领域负面网络舆情的分析，我们不但可以从工会履行基本职责方面查漏补缺，从而提高维权服务工作水平，也可以从深陷负面舆情旋涡的用人单位如何应对的策略中找寻规律、吸取经验和教训。

思考题：

1. 加快工会网上舆论阵地建设有什么重要意义？
2. 工会加强网上正面宣传的途径有哪些？
3. 工会如何科学应对负面网络舆情？

第五章　工会网络安全管理

在习近平总书记关于网络强国的重要思想的指引下，工会坚持党对网信工作的全面领导，全面树立网信工作“一盘棋”思想，发挥好党在领导网信工作中把方向、谋大局、定政策、促改革的重要作用，筑牢工会网络安全屏障，为党和国家工作大局提供了有力服务、支撑和保障。

第一节　当前网络安全形势

一、树立科学的网络安全观

习近平总书记高度重视网络安全和信息化工作，先后就网络安全和信息化工作发表了一系列重要讲话，提出了一系列治网新理念、新思想、新论断，形成了一系列网络空间治理的新思路、新战略、新要求，将网络安全上升为国家战略，使其成为总体国家安全观的重要组成部分。

（一）一体两翼、驱动双轮的网络安全观

习近平总书记指出，网络安全和信息化是一体之两翼、驱动之双轮，必须统一谋划、统一部署、统一推进、统一实施。网络安全和信息化相伴而生，相伴而随。从人类社会进入信息化时代伊始，网络安全便随之产生。信息革命在带给人类诸多便利的同时，也带来了一系列风险和挑战。安全是发展的前提，发展是安全的保障。不发展是最大的不安全，放慢信息技术发展，换不来持久安全。同样，任何以牺牲安全为代价的发展都是难以持续的。因此，安全和发展必须是同步推进的，必须是统一的。

（二）整体、动态、开放、相对、共同的网络安全观

在网络安全和信息化工作座谈会上的讲话中，习近平总书记提出了“正确的网络安全观”，即整体的、动态的、开放的、相对的、共同的网络安全观。网络安全作为信息时代的特殊产物，虽然有其特殊性，然而在物质本性上与其他事物并无二样，也应该是整体的而不是割裂的，是动态的而不是静态的，是开放的而不是封闭的，是相对的而不是绝对的，是共同的而不是孤立的。

整体的网络安全观，指网络安全与国家安全，还有其他方面的安全之间的关系，它们共同组成一个整体，彼此相连，不可分割；动态的网络安全观，指网络安全是变动不居的，而不是静态的；开放的网络安全观，指网络安全的环境具有开放性，任何封闭的行为都是不合适的；相对的网络安全观，指网络安全的条件性，网络安全与时代的物质条件紧密相关，不存在绝对安全，一味追求绝对安全是不现实的，必须立足于基本国情、立足于时代物质条件，实现相对的网络安全；共同的网络安全观，指网络安全的应对，不是一个部门、某些机构的“分内事”，而是全社会、各部门共同的责任，因此，需要政府、企业、社会组织、广大网民共同参与，共筑网络安全防线。

（三）以人为本的网络安全观

在网络安全和信息化工作座谈会的讲话中，习近平总书记指出，网信事业要发展，必须贯彻以人民为中心的发展思想。他将以人民为中心的发展思想贯穿到网络安全领域，提出了“网络安全为人民，网络安全靠人民”的重要论断，为网络安

全工作指明了方向、提供了遵循。

（四）合作共赢的网络安全观

习近平总书记在认真分析国际网络安全形势的基础上，提出了合作共赢的网络安全观，并在此基础上提出了变革全球互联网治理体系的“四项原则”和构建网络空间命运共同体的“五点主张”，从而为国际治网提供了中国方案，贡献了中国智慧。

合作共赢的网络安全观，是以合作共赢为核心的新型国际关系在网络安全领域的反映。一方面，网络安全具有全球性特质，需要世界各国携手共同应对；另一方面，世界各国需要一起“商量”制定网络空间国际规则，共同维护网络空间和平安全。网络空间已经成为人类共同的活动空间，各国人民在网络空间休戚与共、利益攸关。国际社会应加强沟通、扩大共识、深化合作，坚持共商、共建、共享的全球治理观，坚持全球事务由各国人民商量着办，把网络空间建设成造福全人类的发展共同体、安全共同体、责任共同体、利益共同体，实现发展共同推进、安全共同维护、治理共同参与、成果共同分享。

二、全球网络安全形势

从国际看，世界进入动荡变革期，单边主义、保护主义、霸权主义对世界和平与发展构成威胁，我国信息技术产业链、供应链、创新链的安全性、稳定性受到严峻挑战。世界经济数字化转型加速，新一代信息技术加速迭代升级和融合应用，数字经济引领生产要素、组织形态、商业模式全方位变革。数字空间国际竞合进入新阶段，以信息技术生态优势、数字化转型势能、数据治理能力为核心的国家创新力和竞争力正在成为世界各国新一轮竞争焦点，数字领域规则体系及核心技术生态体系的竞争日趋激烈。

（一）全球网络对抗态势进一步升级

网络空间已成为各国争夺的重要战略空间，网络空间对抗态势不断加剧。2022 年，随着俄乌实体战争持续升级，网络战况更激烈，情势也比地面更混乱。乌克兰数字信息部长费多罗夫（Mykhailo Fedorov）更在社交软件上号召全球网民加入他们的信息部队（IT army），提供一份长达 14 页的英文指引文件，内容包括可隐藏身份和地点的软件下载链接，并每日贴出要网攻的俄罗斯机关、电信公司、银行等。外媒报道，截至 2022 年 3 月 4 日，已有超过 28 万人加入该群组。同时，全球网络顶层规划中网络对抗战略意图凸显，网络空间作战机构成立。“北约”、“欧盟”等多方合作明显加强，网络武器研发逐步深化。

（二）针对基础设施的网络攻击日益活跃

随着网络安全和信息技术的快速发展，关系着国家安全和社会稳定的关键基础设施已成为网络安全的必争之地，因其受到的网络攻击严重影响社会生活运转，加剧了全球的担忧。

2021 年 5 月 7 日，美国大型成品油管道运营商科洛尼尔管道运输公司遭受了勒索软件的攻击，为此关闭了旗下四条主干成品油管道。由于科洛尼尔管道运输公司管道关闭影响到汽油、柴油、航空煤油和其他成品油的供应，在受影响地区实施区域紧急状态，涉及美国东部和南部沿岸 17 个州和华盛顿特区。

（三）数据泄露安全事件高危频发

当前，全球已逐渐进入数字化时代，数据已成为核心生产要素，任何数据安全事件都是影响重大的。一旦发生数据安全事件，不仅对用户的使用体验和个人隐私带来威胁，也可能面临重大损失及经营风险。2022 年全球多个国家频繁发生数据泄露事件，总计超过 20000 件。泄露渠道主要包括网站、电商消费平台、社交平台、交通出行购票平台等，涉及国防、科研、政府、金融、教育、医疗等行业。从 2022 年 3 月开始，数据泄露事件数量明显上升，到 9 月达到高峰，10 月至 12 月有所下降。与 2021 年同期相比，2022 年的数据泄露事件增长了 14%，数据泄露事件的平均成本高达 435 万美元，83% 的受访组织已经不是第一次发生数据泄露事件。政府机关、公用事业企业、医疗机构、金融服务公司、制造企业是黑客的重要攻击目标。

（四）重大网络安全漏洞不断涌现

随着云计算、大数据、工业互联网、物联网、人工智能等新兴技术领域快速发展，当今网络安全漏洞隐蔽性更强、变化性更多、摧毁性更大、破坏性更广，安全风险随着应用扩展而与日俱增。截至 2022 年 3 月 31 日，国家信息安全漏洞库（CNNVD）第一季度采集信息安全漏洞共 5978 个；接报漏洞 53789 个，其中信息技术产品漏洞（通用型漏洞）1124 个，网络信息系统漏洞（事件型漏洞）52665 个。

三、我国网络安全的严峻形势和问题

随着我国网络技术蓬勃发展，网络规模不断扩大，网络应用水平不断提高，互联网成为推动经济发展和社会进步的巨大力量。与此同时，我国的网络安全形势非常严峻复杂，网络攻击威慑上升，高持续性威胁、网络勒索、数据窃取等事件频发，危害经济社会稳定运行。从国内看，网络安全还存在一些突出短板，主要是：信息化发展不平衡不充分的问题较为明显，城乡信息化发展水平差距依然较大；关键核心技术短板突出，产业生态国际竞争能力不足；社会治理信息化建设存在薄弱环节，基层治理能力有待提升；政务服务创新和社会公共服务数字化供给能力不足，尚不能满足群众的个性化和普惠化需求；制约数字化生产力进一步释放的体制机制障碍依然存在，数字经济与实体经济深度融合不够，引领高质量发展的作用有待进一步发挥，数字领域国际合作“中国方案”尚待完善；数字化发展治理体系尚待健全。

四、工会网络安全面临挑战

各级工会组织高度重视网络安全工作，广大干部职工网络安全意识逐步提高，网络安全保障体系逐步完善、网络安全防护能力逐渐增强，尤其是《网络安全法》、《党委（党组）网络安全工作责任制实施办法》等法律法规办法的实施，为网络安全奠定了更好的制度根基。但与此同时，工会网络安全还存在一些突出短板，主要表现在以下方面。

1. 传统网络信息安全形势依然严峻。

第一，工会基础数据库掌握着全国各级工会和会员大量基础信息。部分当前在用的操作系统、数据库、开源组件等相继曝出存在严重安全漏洞，或导致工会个人信息和重要数据面临较大安全风险。第二，高危漏洞频发，严重威胁我国网络信息安全。2019 年以来，部分应用面较广的基础软件高危漏洞频发，若未得到及时修复，容易遭批量利用，造成严重危害。

2. 新型网络信息安全攻击形态集中涌现。

当前，各种新技术、新机制层出不穷，诸如多核、云计算、大数据、移动互联等，新的通信协议和新的病毒技术不断涌现，使得信息系统开始面对分布式、容错、并发等很多新的技术和新的挑战。同时，随着新一代网络的演进和发展，之前网络封闭的环境将被打开。一方面，这种开放性使得外部的攻击者有了可乘之机；另一方面，某些之前被封闭环境掩盖起来设计上的缺陷，在相对开放的环境下就有可能显现出来。

第二节　法律、政策及标准解读

一、《网络安全法》解读

《网络安全法》由全国人民代表大会常务委员会于2016年11月7日发布，自2017年6月1日起施行。这是我国第一部全面规范网络空间安全管理方面问题的基础性法律，是我国网络空间法治建设的重要里程碑，是依法治网、化解网络风险的法律重器，是互联网在法治轨道上健康运行的重要保障。它的颁布施行对于贯彻落实总体国家安全观，维护国家网络空间主权、安全和发展利益具有十分重要的意义。

（一）《网络安全法》的基本原则

第一，网络空间主权原则。《网络安全法》明确规定要维护我国网络空间主权。网络空间主权是国家主权在网络空间的体现和延伸，网络空间主权原则是我国维护国家安全和利益、参与网络国际治理与合作所坚持的重要原则。各国自主选择网络发展道路、网络管理模式、互联网公共政策和平等参与国际网络空间治理的权利应当得到尊重。

第二，网络安全与信息化发展并重原则。《网络安全法》明确规定，国家坚持网络安全与信息化并重，遵循积极利用、科学发展、依法管理、确保安全的方针；既要推进网络基础设施建设，鼓励网络技术创新和应用，又要建立健全网络安全保障体系，提高网络安全保护能力，做到“双轮驱动、两翼齐飞”。

第三，共同治理原则。《网络安全法》要求采取措施鼓励全社会共同参与网络安全治理。政府部门、网络建设者、网络运营者、网络服务提供者、网络行业相关组织、高等院校、职业学校、社会公众等都应根据各自的角色参与网络安全治理工作。

（二）《网络安全法》明确了网络空间治理目标

《网络安全法》明确提出了我国网络安全战略的主要内容，即明确保障网络安全的基本要求和主要目标，提出重点领域的网络安全政策、工作任务和措施。《网络安全法》明确规定“我国致力于推动构建和平、安全、开放、合作的网络空间，建立多边、民主、透明的网络治理体系”。这是我国第一次通过国家法律的形式向世界宣示网络空间治理目标，明确表达了我国的网络空间治理诉求。

（三）《网络安全法》进一步明确了政府各部门的职责权限

《网络安全法》明确了网信部门与其他相关网络监管部门的职责分工。国家网信部门负责统筹协调网络安全工作和相关监督管理工作，国务院电信主管部门、公安部门和其他有关机关依法在各自职责范围内负责网络安全保护和监督管理工作。这种“1+X”的监管体制，符合当前互联网与现实社会全面融合的特点和我国的监管需要。

（四）《网络安全法》强化了网络运行安全保障

网络运行安全是网络安全的重心，关键信息基础设施安全则是重中之重。《网络安全法》强调在网络安全等级保护制度的基础上，对关键信息基础设施实行重点保护，明确关键信息基础设施的运营者负有更多的安全保护义务，并配以国家安全审查、重要数据强制本地存储等法律措施，确保关键信息基础设施的运行安全。

（五）《网络安全法》完善了网络安全义务和责任

《网络安全法》对网络运营者等主体的法律义务和责任做

了全面规定，包括遵守法律，遵守社会公德、商业道德，诚实信用，保护网络安全，接受监督，承担社会责任等，并在“网络运行安全”、“网络信息安全”、“监测预警与应急处置”等章节中进一步明确、细化。在“法律责任”章节中提高了对违法行为的处罚标准，加大了处罚力度，有利于保障《网络安全法》的实施。

（六）《网络安全法》将监测预警与应急处置措施制度化、法治化

《网络安全法》将监测预警与应急处置工作制度化、法治化，明确国家建立网络安全监测预警和信息通报制度，建立网络安全风险评估和应急工作机制，制定网络安全事件应急预案并定期演练。这为建立统一高效的网络安全风险报告机制、情报共享机制、研判处置机制提供了法律依据，为深化网络安全防护体系，实现全天候、全方位感知网络安全态势提供了法律保障。

二、《密码法》解读

《密码法》由中华人民共和国第十三届全国人民代表大会常务委员会第十四次会议于2019年10月26日通过，自2020年1月1日起施行。

（一）什么是密码

密码是指采用特定变换的方法对信息等进行加密保护、安全认证的技术、产品和服务。

（二）谁来管密码

中央密码工作领导机构对全国密码工作实行统一领导，制定国家密码工作重大方针政策，统筹协调国家密码重大事项和重要工作，推进国家密码法治建设。国家密码管理部门负责管

理全国的密码工作。县级以上地方各级密码管理部门负责管理本行政区域的密码工作。国家机关和涉及密码工作的单位在其职责范围内负责本机关、本单位或者本系统的密码工作。

（三）怎么管密码

国家对密码实行分类管理，密码分为核心密码、普通密码和商用密码。核心密码、普通密码属于国家秘密。密码管理部门依照本法和有关法律、行政法规、国家有关规定对核心密码、普通密码实行严格统一管理。商用密码用于保护不属于国家秘密的信息。公民、法人和其他组织可以依法使用商用密码保护网络与信息安全。

（四）怎么用密码

国家加强核心密码、普通密码的科学规划、管理和使用，加强制度建设，完善管理措施，增强密码安全保障能力。在有线、无线通信中传递的国家秘密信息，以及存储、处理国家秘密信息的信息系统，应当依照法律、行政法规和国家有关规定使用核心密码、普通密码进行加密保护、安全认证。

商用密码从业单位开展商用密码活动，应当符合有关法律、行政法规、商用密码强制性国家标准以及该从业单位公开标准的技术要求。商用密码的科研、生产、销售、服务和进出口活动，不得损害国家安全、社会公共利益或者他人合法权益。关键信息基础设施的运营者采购涉及商用密码的网络产品和服务，可能影响国家安全的，应当按照《网络安全法》的规定，通过国家网信部门会同国家密码管理部门等有关部门组织的国家安全审查。

三、《数据安全法》及相关管理条例解读

《数据安全法》已由中华人民共和国第十三届全国人民代

表大会常务委员会第二十九次会议于 2021 年 6 月 10 日通过，自 2021 年 9 月 1 日起施行。

《网络数据安全管理条例（征求意见稿）》是为落实《网络安全法》、《数据安全法》、《个人信息保护法》等法律关于数据安全管理的规定，规范网络数据处理活动，保护个人、组织在网络空间的合法权益，维护国家安全和公共利益，根据国务院 2021 年立法计划，国家互联网信息办公室会同相关部门研究起草的征求意见稿。由国家互联网信息办公室于 2021 年 11 月 14 日发布征求意见稿。

（一）《数据安全法》解读

《数据安全法》规范数据处理活动，保障数据安全，促进数据开发利用，保护个人、组织的合法权益，维护国家主权、安全和发展利益，为各行业数据安全提供监管依据。《数据安全法》中明确了数据安全主管机构的监管职责，建立健全数据安全协同治理体系，提高数据安全保障能力，促进数据出境安全和自由流动，让数据安全有法可依、有章可循，为数字化经济的安全健康发展提供了有力支撑。

《数据安全法》定义了什么是数据，数据的处理过程和数据安全；明确了数据安全与发展，坚持以数据开发利用和产业发展促进数据安全，以数据安全保障数据开发利用和产业发展；确立了数据安全制度，国家建立数据分类分级保护制度，根据数据在经济社会发展中的重要程度，以及一旦遭到篡改、破坏、泄露或者非法获取、非法利用，对国家安全、公共利益或者个人、组织合法权益造成的危害程度，对数据实行分类分级保护；履行数据安全保护义务，开展数据处理活动应当依照法律、法规的规定，建立健全全流程数据安全管理制度，组织开展数据安全教育培训，采取相应的技术措施和其他必要措施，保障数据安全；利用互联网等信息网络开展数据处理活动，应当在网络安全等级保护制度的基础上，履行上述数据安全保护义务。

（二）《网络数据安全管理条例（征求意见稿）》解读

《网络数据安全管理条例（征求意见稿）》是为规范网络数据处理活动，保护个人、组织在网络空间的合法权益，维护国家安全和公共利益，对《网络安全法》、《数据安全法》、《个人信息保护法》的落地、细化和补充。《网络数据安全管理条例（征求意见稿）》将数据进一步细分，这就要求对数据资产进行规划盘点，厘清数据资产和个人信息数据分布比例，进而制定重要数据和核心数据目录，从而为数据分类分级后更好地制定精细化数据安全策略打下基础。

《网络数据安全管理条例（征求意见稿）》明确了立法目的、立法依据及适用范围，确立网络数据安全工作方针，对网络数据处理活动提出基本要求，起到承上启下作用；明确了数据安全管理机构和数据安全负责人的具体要求，量化重要数据处理者备案内容，制订数据安全培训计划，明确数据安全评估细则等；在数据跨境安全管理中对数据出境作出要求，要求量化数据出境条件，明确数据处理者向境外提供数据应履行的义务等；在互联网平台运营者义务中说明了互联网平台运营者的平台规则、隐私政策、第三方数据安全责任，量化鼓励内容和禁止行为；在监督管理中规定网络数据监管机制及各部门职责分工，明确监管部门监督检查措施，强调义务主体配合的义务。

四、《个人信息保护法》解读

《个人信息保护法》于 2021 年 8 月 20 日由中华人民共和国第十三届全国人民代表大会第三十次会议表决通过，自 2021 年 11 月 1 日起施行。该法围绕个人信息的处理，从处理规则、跨境提供、个人权力、处理者义务、保护职责部门以及法律责任等角度确立了相应规则，并且针对敏感个人信息和国家机关处理强调了特别规则。其出发点是保护个人对于个人信息处理享有的权利，厘清个人信息处理者应当遵循的规则和需履行的义务，同时明确违法和侵权行为的法律责任。

（一）确立个人信息保护原则

第一，取得同意、明确告知原则。处理个人信息前应取得个人同意。而作为例外情形，包括“为订立、履行个人作为一方当事人的合同所必需，或者按照依法制定的劳动规章制度和依法签订的集体合同实施人力资源管理所必需”等特殊情况下，个人信息处理者可以在不经个人同意的情况下，处理相关个人信息。但是，个人信息处理者仍应当遵循各项处理原则、规制，不能非法、过度处理个人信息。除法定情形外，处理者在处理个人信息前，均应以显著方式、清晰易懂的语言真实、准确、完整地向个人告知相关事项。

第二，合法、正当、必要和诚信原则。处理个人信息应当遵循合法、正当、必要和诚信原则，不得通过误导、欺诈、胁迫等方式处理个人信息。个人信息处理行为应当满足法律法规规定，应当符合立法宗旨和法律价值，不得因自身利益而侵害其他人的个人信息权益。个人信息的收集范围和处理方式应当仅以实现相应的信息服务功能和业务目的为必要。个人信息处理者不得利用自身的优势地位侵害个人信息权益。

第三，目的明确、最小必要原则。明确了处理个人信息的必要性要求，处理个人信息应当具有明确、合理的目的，并应当与处理目的直接相关，采取对个人权益影响最小的方式。收集个人信息，应当限于实现处理目的的最小范围，不得过度收集个人信息，不得超出处理目的所必需的范围处理个人信息。

第四，公开、透明原则。明确了明示个人信息处理规则的要求，处理个人信息应当遵循公开、透明原则，公开个人信息处理规则，明示处理的目的、方式和范围。

第五，准确性原则、当责原则。处理个人信息应当保证个人信息的质量，避免因个人信息不准确、不完整而对个人权益造成不利影响。对个人信息的处理质量设定了评价标准，降低因为个人信息的不准确或不完整等原因而对整体权益造成侵害的风险。个人信息处理者应当对其个人信息处理活动负责，并采取必要措施保障所处理的个人信息的安全。

第六，保障原则。明确了处理者作为个人信息处理活动的直接负责人，应当承担个人信息处理的法定义务和责任。

（二）规范处理活动，保障权益

在个人信息处理活动中，个人对其个人信息的处理享有知情权、决定权，有权限制或者拒绝他人对其个人信息进行处理；法律、行政法规另有规定的除外。

第一，严格保护敏感个人信息。明确了处理敏感个人信息的条件和敏感个人信息的定义，敏感个人信息是指一旦泄露或者被非法使用，容易导致自然人的人格尊严受到侵害或者人身、财产安全受到危害的个人信息，包括生物识别、宗教信仰、特定身份、医疗健康、金融账户、行踪轨迹等信息，以及不满14周岁未成年人的个人信息。《个人信息保护法》要求，只有在具有特定的目的和充分的必要性，并采取严格保护措施的情形下，方可处理敏感个人信息，同时应当事前进行影响评估，并向个人告知处理的必要性以及对个人权益的影响。

第二，强化个人信息处理者义务。个人信息处理者是个人信息保护的第一责任人。《个人信息保护法》强调，个人信息处理者应当对其个人信息处理活动负责，并采取必要措施保障所处理的个人信息的安全。《个人信息保护法》设专章明确了个人信息处理者的合规管理和保障个人信息安全等义务，要求个人信息处理者按照规定制定内部管理制度和操作规程，采取相应的安全技术措施，指定负责人对其个人信息处理活动进行监督，定期对其个人信息活动进行合规审计，对处理敏感个人信息、利用个人进行自动化决策、对外提供或公开个人信息等高风险处理活动进行事前影响评估，履行个人信息泄露通知和补救义务等。

第三，规范个人信息跨境流动。明确以向境内自然人提供产品或者服务为目的，或者分析、评估境内自然人的行为等，在我国境外处理境内自然人个人信息的活动适用本法，并要求符合上述情形的境外个人信息处理者在我国境内设立专门机构或者指定代表，负责个人信息保护相关事务；明确向境外提供个人信息的途径，包括通过国家网信部门组织的安全评估、经专业机构认证、订立标准合同、按照我国缔结或参加的国际条约和协定等；要求个人信息处理者采取必要措施保障境外接收方的处理活动达到《个人信息保护法》规定的保护标准；对跨境提供个人信息的“告知—同意”作出更严格的要求，切实保障个人的知情权、决定权等权利；为维护国家主权、安全和发展利益，对跨境提供个人信息的安全评估、向境外司法或执法机构提供个人信息、限制跨境提供个人信息的措施、对外国歧视性措施的反制等作了规定。

第四，健全个人信息保护工作机制。说明了履行个人信息保护职责的部门，国家网信部门负责统筹协调个人信息保护工作和相关监督管理工作。国务院有关部门依照《个人信息保护法》和有关法律、行政法规的规定，在各自职责范围内负责个人信息保护和监督管理工作。县级以上地方人民政府有关部门的个人信息保护和监督管理职责，按照国家有关规定确定。明确了个人信息保护相关的投诉、举报机制，个人信息违法的法律责任。对个人信息违法行为采用信用惩戒制度。

五、《党委（党组）网络安全工作责任制实施办法》解读

（一）责任主体

网络安全工作责任主要有三类主体：各级党委（党组）、各地区各部门网络安全和信息化领导机构、行业主管监管部门。

（二）责任范围

责任范围主要包括：各行业领域、各地区、关键信息基础设施运营单位、党政机关。

各行业的网络安全检查、事件处置，由主管监管部门负责指导监管。没有主管监管部门的行业，由所在地区负指导监管责任。电信、能源、金融等行业的网络安全工作，由相关主管监管部门负责；少数没有主管监管部门的行业，由所在地区网信领导机构负责。

各地区的网络安全事件汇集、分析研判、组织指导信息通报、统筹协调网络安全检查等工作，由本地区的网信领导机构负责。

关键信息基础设施运营单位网络安全工作，由本单位的党委（党组）负主体责任，由相关行业主管监管部门负指导监管责任，没有主管监管部门的关键信息基础设施运营单位，由所在地区网信领导机构负指导监管责任。

党政机关本单位的网络安全工作，由本单位党委（党组）负主体责任。

（三）责任事项

各级党委（党组）主要承担的网络安全责任是：（1）认真贯彻落实习近平总书记关于网络安全工作的重要指示精神和决策部署，贯彻落实网络安全法律法规，明确本地区本部门网络安全的主要目标、基本要求、工作任务、保护措施；（2）建立

和落实网络安全责任制，把网络安全工作纳入重要议事日程，明确工作机构，加大人力、财力、物力的支持和保障力度；（3）统一组织领导本地区本部门网络安全保护和重大事件处置工作，研究解决重要问题；（4）采取有效措施，为公安机关、国家安全机关依法维护国家安全、侦查犯罪以及防范、调查恐怖活动提供支持和保障；（5）组织开展经常性网络安全宣传教育，采取多种方式培养网络安全人才，支持网络安全技术产业发展。

各级（各地区各部门）网络安全和信息化领导机构主要承担的网络安全责任是：各级网络安全和信息化领导机构应当加强和规范本地区本部门网络安全信息汇集、分析和研判工作，要求有关单位和机构及时报告网络安全信息，组织指导网络安全通报机构开展网络安全信息通报，统筹协调开展网络安全检查。各地区各部门网络安全和信息化领导机构应当向中央网络安全和信息化委员会及时报告网络安全重大事项，包括出台涉及网络安全的重要政策和制度措施等。各地区各部门网络安全和信息化领导机构每年向中央网络安全和信息化委员会报告网络安全工作情况。

行业主管监管部门主要承担的网络安全责任是：行业主管监管部门对本行业本领域的网络安全负指导监管责任。没有主管监管部门的，由所在地区负指导监管责任。主管监管部门应当依法开展网络安全检查、处置网络安全事件，并及时将情况通报网络和信息系统所在地区网络安全和信息化领导机构。各地区开展网络安全检查、处置网络安全事件时，涉及重要行业的，应当会同相关主管监管部门进行。

（四）问责主体

《党委（党组）网络安全工作责任制实施办法》第九条规定：对领导班子、领导干部进行问责，应当由有管理权限的党组织依据有关规定实施。各级网络安全和信息化领导机构办公室可以向实施问责的党委（党组）、纪委（纪检组）提出问责建议。

（五）启动问责的条件

《党委（党组）网络安全工作责任制实施办法》规定了两种启动问责条件，一是按行为问责，二是按后果问责。

1. 按行为问责。

各级党委（党组）违反或者未能正确履行本办法所列职责，按照有关规定追究其相关责任。

2. 按后果问责。

有下列情形之一的，各级党委（党组）应当逐级倒查，追究当事人、网络安全负责人直至主要负责人责任。协调监管不力的，还应当追究综合协调或监管部门负责人责任。

（1）党政机关门户网站、重点新闻网站、大型网络平台被攻击篡改，导致反动言论或者谣言等违法有害信息大面积扩散，且没有及时报告和组织处置的；

（2）地市级以上党政门户网站或者重点新闻网站受到攻击后没有及时组织处置，且瘫痪 6 小时以上的；

（3）发生国家秘密泄露、大面积个人信息泄露或者大量地理、人口、资源等国家基础数据泄露的；

（4）关键信息基础设施遭受网络攻击，没有及时处置导致大面积影响人民群众工作、生活，或者造成重大经济损失，或者造成严重不良社会影响的；

（5）封锁、瞒报网络安全事件情况，拒不配合有关部门依法开展调查、处置工作，或者对有关部门通报的问题和风险隐患不及时整改并造成严重后果的；

（6）阻碍公安机关、国家安全机关依法维护国家安全、侦查犯罪以及防范、调查恐怖活动，或者拒不提供支持和保障的；

(7) 发生其他严重危害网络安全行为的。

(六) 问责措施

对领导班子、领导干部进行问责，应当由有管理权限的党组织依据有关规定实施。

六、《贯彻落实网络安全等级保护制度和关键信息基础设施安全保护制度的指导意见》解读

(一) 指导思想、基本原则和工作目标

指导思想：以习近平新时代中国特色社会主义思想为指导，以总体国家安全观为统领，认真贯彻实施网络强国战略，全力保护关键信息基础设施、重要网络和数据安全。

基本原则：坚持分等级保护、突出重点；坚持积极防御、综合防护；坚持依法保护、形成合力。

工作目标：确保网络安全等级保护制度深入贯彻实施，关键信息基础设施安全保护制度建立实施，网络安全监测预警和应急处置能力显著提升，网络安全综合防控体系基本形成。

(二) 深入贯彻实施国家网络安全等级保护制度

一是深化网络定级备案工作。全面梳理包括云计算、物联网、新型互联网、大数据、智能制造等新技术应用在内的运营者全部网络情况，科学确定保护等级，依法向公安机关备案。二是定期开展网络安全等级测评。对已定级备案网络的安全性进行检测评估，第三级以上网络运营者委托符合国家有关规定的等级测评机构每年开展网络安全等级测评。三是科学开展安全建设整改。运营者在网络建设和运营过程中应同步规划、同步建设、同步使用网络安全保护措施，可通过网络迁移上云或网络安全服务外包方式，充分利用网络安全服务商提升网络安全保护能力。四是强化安全责任落实。按照“谁主管谁负责、

谁运营谁负责”的原则，厘清网络安全保护边界，建立网络安全等级保护工作责任制。五是加强供应链安全管理。加强网络关键人员的安全管理，采购、使用符合国家法律法规和有关标准规范要求的网络产品及服务。六是落实密码安全防护要求。第三级以上网络运营者在网络规划、建设和运行阶段，按照密码应用安全性评估管理办法和相关标准，在网络安全等级测评中同步开展密码应用安全性评估。

（三）建立并实施关键信息基础设施安全保护制度

一是组织认定关键信息基础设施，将符合认定条件的重点保护对象纳入关键信息基础设施，包括基础网络、大型专网、核心业务系统、云平台、大数据平台、物联网、工业控制系统、智能制造系统、新型互联网、新兴通信设施等。二是明确关键信息基础设施安全保护工作职能分工。公安部负责关键信息基础设施安全保护工作的顶层设计和规划部署，会同相关部门健全完善关键信息基础设施安全保护制度体系。三是落实关键信息基础设施重点防护措施。关键信息基础设施运营者应依据网络安全等级保护标准开展安全建设并进行等级测评，发现问题和风险隐患要及时整改。四是加强重要数据和个人信息保护。运营者应建立并落实重要数据和个人信息安全保护制度，对关键信息基础设施中的重要网络和数据库进行容灾备份，采取身份鉴别、访问控制、密码保护、安全审计、安全隔离、可信验证等关键技术措施，切实保护重要数据全生命周期安全。五是强化核心岗位人员和产品服务的安全管理。要对专门安全管理机构的负责人和关键岗位人员进行安全背景审查，加强管理。

（四）加强网络安全保护工作协作配合

行业主管部门、网络运营者与公安机关要密切协同，大力开展安全监测、通报预警、应急处置、威胁情报等工作，落实常态化措施，提升应对、处置网络安全突发事件和重大风险防控的能力。加强网络安全立体化监测体系建设，加强网络安全信息共享和通报预警，加强网络安全应急处置机制建设，加强网络安全事件处置和案件侦办，加强网络安全问题隐患整改督办。

（五）加强网络安全工作各项保障

加强组织领导，加强经费政策保障，加强考核评价，加强技术攻关，加强人才培养。

七、网络安全相关领域的实践

（一）网络安全等级保护实践

网络安全等级保护（以下简称等保）制度已被打造成新时代国家网络安全的基本国策和基本制度。应急处置、灾难恢复、通报预警、安全监测、综合考核等重点措施已全部纳入等保制度并实施。如图 5-1 所示，等保工作主要有定级、备案、安全建设整改、等级测评、安全检查 5 个具体工作环节。

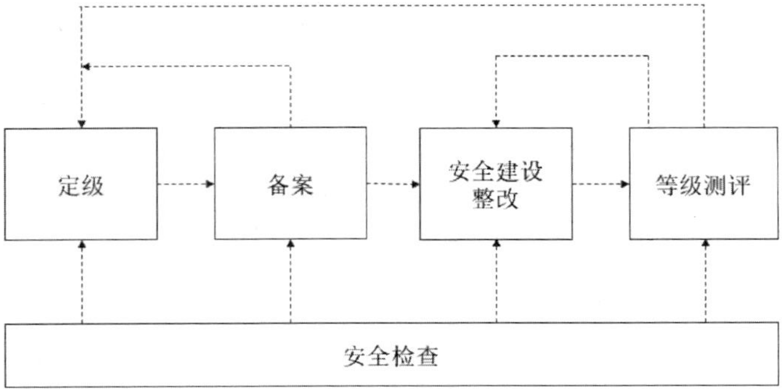

图 5-1　等保工作流程

随着信息技术的发展和国内外网络安全威胁形势的变化，为了适应云计算、移动互联、物联网、工业控制和大数据等新技术、新应用情况下等保工作的开展，国家针对云计算、移动互联、物联网、工业控制和大数据等新技术、新应用领域的个性安全保护需求提出安全扩展要求，形成新的等保基本要求标准，标志着等保进入了2.0时代。

等保2.0的标准是国内非涉密信息系统的安全集成标准。《网络安全法》中明确提到信息安全的建设要遵照等级保护标准。等保2.0将原来的网络与信息系统安全等级保护相关标准名称更改为信息安全等级保护，再更名为等保相关标准，与《网络安全法》保持一致。

（二）商用密码实践

商用密码在各领域内的推广应用是我国迈向网络化、现代化、数字化的重要基础。目前，我国电信和互联网、工业互联网、电子政务等领域信息化水平不断提升，大力推动商用密码在相关领域的应用，是保障重要领域网络安全的重要举措，也是推动信创产业发展，带动产业实现数字化转型的安全保障。

1. 电信和互联网领域。

电信和互联网行业是全球数字化进程的先驱。中国电信首次创新提出“商密云”的应用理念，基于分布式用户端计算及控制机制，采用一文一密、双证书、两级密钥管理等自主专利技术方案，实现商用密码技术和云存储技术的有机融合，为用户提供高安全强度、自主可控的数据安全处理、存储、共享及保障服务，有效提升了用户数据的安全性，在云存储应用的安全性探索中具有强示范作用。

2. 工业互联网领域。

其主要应用于工业互联网平台基础设施建设。密码技术可以应用在互联网信息系统的网络和通信、设备和计算、应用和数据等各个方面，工业互联网平台的边缘层、IaaS层、PaaS层、SaaS层建设都需要应用通用密码服务、密码管理等，商用密码可广泛应用于工业互联网身份鉴别、访问控制和数据全生命周期安全保护。

3. 电子政务领域。

国家政务信息化项目在规划和审批管理中，要对密码应用方案和密码应用安全性评估报告等内容进行备案；在项目建设中，要同步规划、同步建设、同步运行密码保障系统并定期进行评估。监督管理国家政务信息化项目时，要按照要求采用密码技术，并定期开展密码应用安全性评估，确保政务信息系统运行安全和政务信息资源共享交换的数据安全。

（三）数据安全实践

数据安全是计算机以及网络等学科的重要研究领域之一，具有多层次、多环节、多场景的特点。首先，数据安全具备“三性”特点：机密性、完整性以及基础特性可用性；其次，数据安全涉及多类技术和管理领域，制度安全治标，技术安全治本，其他方面的安全也是必不可少的环节，都是数据安全的多维度组成部分；最后，数据安全涉及面广，不仅关系到个人隐私、商业隐私，甚至会直接影响国家安全，需要审慎对待。

围绕数据全生命周期，数据安全实践从采集、传输、存储、处理、共享、销毁等环节着手，以关键技术措施为突破，完善数据安全技术体系。构建数据集群安全统一管控体系，通过数据分权分域管理、数据访问授权、数据加密脱敏、敏感数据识别、安全审计实时风险告警、集群多租户管理等，为数据提供安全防护和安全事件溯源能力。

推进数据本地化的措施包括：出于保护国家安全和公民隐私考虑，国家往往会对数据存储作出相应要求，加强数据跨境流动规制，主要表现为需经数据主体同意或特定数据经审批后方可对外传输。加大人员数据安全能力培训，通过打造针对技术、自动化与安全专业人才团队建设，维护和减少系统内部漏洞，以避免外部恶意攻击；规范数据处理流程，对内部人员进行数据安全培训与道德培训，以降低内部无意识泄露的风险。

第三节　工会网络安全日常工作要求

一、工会网络技术防护工作

（一）基础环境安全

保障基础环境安全主要是为了保障机房具有良好的运行环境和工作环境，保证工作人员办公环境安全，确保各信息系统的安全、稳定、高效运行。

1. 机房安全。

机房是信息安全重点保护对象，机房基础环境安全包括：配备防电磁干扰、防电磁泄漏、防静电、防水、防盗、防鼠害等设施；安装门禁系统、防雷系统、监视系统、消防系统、报警系统；设专用的供电系统，配备必要的 UPS 和发电机。

加强进出机房人员管理。禁止未经批准的外部人员进入机房。非机房工作人员进出机房须经主管领导批准，外来人员进出机房还须办理登记手续，并由专人陪同。

机房安全管理应依照“安全第一”的原则，建立、健全严格的机房安全管理制度，每半年进行一次巡检并检查制度执行情况。机房管理员负责机房的日常安全管理工作，发生机房重大事故或案件，机房管理人员应立即按照预案流程报告，并保护现场。机房管理员必须密切监视机房环境设备（如供配电、空调、温湿度控制等设施）运行状况，每天填写机房管理日志，发现异常情况应立即按照预案、规程进行操作，并及时上报，做好详细记录。机房管理员每半年对机房内设置的所有基础设施进行维护，保证其有效性。机房基础设施出现故障后，机房管理员应及时维护，并填写机房基础设施维护记录。机房安排节假日值班，值班人员应对机房进行安全巡防巡查，对关键部位每天至少巡查一次。

机房所在的建筑物主要出入口应配备警卫人员 24 小时值班。机房要采取门禁措施，对本单位需要进入机房工作的人员进行授权，防止非授权人员访问，对机房进出人员情况进行监控，自动记录日志。仅在必要时，才允许经过安全审查的第三方支持性服务人员进入机房，并由本单位相关工作的指定人员进行全程旁站陪同。应采用电子监控系统和警报系统对机房进行监视和记录。

进入机房人员不得携带任何易燃、易爆、腐蚀性、强电磁、强辐射性、流体物质等对设备正常运行构成威胁的物品。机房内严禁吸烟、严禁乱拉接电线，以防造成短路或失火。机房内的设备要分类安放和管理，机房环境要保持整洁有序。工作人员离开办公环境时，应将信息设备的显示进行锁定。第三方人员携带物品进出机房时，必须登记。

2. 办公环境。

设置有网络终端的办公环境，是应用系统环境的组成部分，在管理过程中要防止利用终端窃取敏感信息或非法访问。工作人员离开座位时，应将桌面上含有敏感信息的纸质文档按要求放在抽屉或文件柜内。工作人员离开座位，计算机终端需按要求退出登录状态、使用屏幕保护口令保护或关机。工作人员下班后，需按要求关闭计算机终端。存放敏感文件或信息载体的文件柜要求上锁或设置密码。工作人员调离部门或更换办公室时，要求立即交还办公室钥匙。设立独立的会客接待室，不在办公环境接待来访人员。

（二）计算环境安全

1. 身份鉴别。

为了避免非管理员登录网络系统，需要设置身份认证。在等保2.0中，身份认证是判断访问者能否正常登录系统的唯一标准，访问者的身份鉴别结果不符合网络系统预设身份的，一律无法登录该系统。可用于身份鉴别的技术有多种，比较常见的有以下几种。

（1）动态口令。利用智能手机上的身份认证软件，每隔60s刷新一次口令。该口令通常为随机的6位数字组合，要求访问者必须在60s内输入正确的动态口令，网络安全防护系统会自动进行匹配，超时该口令失效。

（2）指纹或人脸识别。两种技术都是基于用户特征来验证身份。

（3）短信验证码等。根据预留的手机号码，当访问者需要登录网络系统时，需要获取验证码，在规定时间内提供正确的验证码方可登录系统。

2. 通信保护。

网络间的信息通信也会对网络安全构成潜在威胁。虽然网络安全防护系统会利用防火墙等对访问信息、传输文件等进行安全检测，但是黑客可能会采取各种措施破坏安全机制，达到窃取通信信息的目的。例如，将病毒隐藏在一些加密的文件中，有较大概率能够不被防火墙识别出来；或者利用密钥破解技术，将正在传输途中的信息拦截。因此，基于等保2.0的网络安全防护体系设计，不仅要在服务器、客户端上采取相应的防护技术，也必须警惕通信传输过程中的黑客破坏行为。目前，一种比较常用、成熟度较高的通信保护技术是加密解密技术。其原理是使用只有通信双方掌握的密钥，对需要传输的信息做加密处理，将明文转化成密文后，再通过网络传输。这样即便是第三方破坏了通信网络，拦截了传输信息，由于没有用于解密的密钥，因此只能得到一堆毫无用处的乱码，从而达到保护通信安全的目的。而信息接收方在收到密文后，使用对应的密钥进行解密，即可重新获得正常的明文。

3. 数据安全。

网络系统在运行中会产生大量的数据，其中用户身份信息、商业机密等，是滥用或窃取的重点，因此需要针对这些涉密数据进行特殊保护。在网络安全防护体系中，数据安全管理模块的主要功能是保障网络系统内数据的安全性。其中包含的核心技术有：（1）数据库审计。以数据库作为对象，采取动态审计的方式，判断是否存在违规的内部操作。特别是对于数据导出、数据删除等操作，通过数据库审计能够做到事先预防、事后追溯，最大限度上避免恶意删除数据、违规泄露数据等问题。数据库审计还支持“危险指令阻断”功能，管理员可设置危险指令的判断条件。对于每一项数据库操作指令，都要先经过验证，若满足关于“危险指令”的判断标准，则自动阻止该项指令的执行；反之，则指令可正常下达、执行。这些保护措施可以有效杜绝恶意操作行为，显著提高数据库内重要数据的安全性。除此之外，基于AI技术的数据库安全审计，还能提供“安全态势分析”、“访问行为控制”等个性功能，进一步提高了数据安全审计的实效性。（2）数据容灾备份。为防止因为硬件系统故障或者不法分子蓄意破坏而导致的数据丢失问题，需要应用数据容灾备份技术。将重要数据定期进行备份并利用异地物理服务器或云服务器保存备份数据，可以保障数据的完整性。

（三）区域边界安全

网络区域边界安全防护的基本工作是在保证不同网络之间实现互联互通的同时，在网络区域边界采取必要的授权接入、访问控制、入侵防范等措施，实现对网络内部的保护。等保2.0

对网络区域边界提出了安全控制要求，主要对象为应用系统边界、网络区域边界等，涉及6个安全控制项：边界防护、访问控制、入侵防范、恶意代码和垃圾邮件防范、安全审计、可信验证。

边界防护的重点是保证网络区域边界设备端口和链路的可靠性，防止非授权网络链路的接入。边界防护通过有效的技术措施，对外部设备的网络接入行为及内部设备的网络外联行为进行管控，以阻止外部威胁的引入。对于工会网络而言，互联网边界的安全是边界防控的重点。由于互联网充满了安全威胁与不确定性，如果工会网络的出口侧缺少防御措施，那么其内部系统将直接暴露在互联网的安全隐患中，并成为网络攻击的目标。此外，工会网络对无线网络的使用采取管控措施，以防止因无线网络的滥用而引入安全威胁。

访问控制通过采取技术措施，明确主体对客体的访问权限及服务使用权限，以阻止网络资源的未授权访问。访问控制的管控对象通常是业务访问的源地址、目的地址、源端口、目的端口，以及业务数据流所包含的内容及协议。一般情况下，网络区域边界及各网络区域之间采用弱隔离措施，如访问控制列表控制，即可满足访问控制要求。对于可控网络和不可控网络之间的边界，访问控制往往需要采用通信协议转换或通信协议隔离的方式进行业务数据的安全交换。对于这类网络区域边界，访问控制通常采用强隔离措施，如网闸、安全隔离设备等。

入侵防范通过对所在网段内的各种数据包进行监测和分析，检查网络是否受到入侵和攻击，并记录网络事件及告警信息。入侵防范的关注重点一般包括外部网络发起的攻击、内部网络发起的攻击、对新型攻击的防范、入侵和攻击的及时告警四个方面。针对外部网络发起的攻击，入侵防范可以通过在关键节点部署入侵防御系统、入侵检测系统、动态沙箱和抗分布式拒绝服务攻击等设备进行防护。而内部网络的入侵往往是因为终端侧缺乏有效安全管控，因此，内部网络的入侵防范可以通过部署终端安全防护系统和终端杀毒软件进行防护。

恶意代码主要包括计算机病毒、木马和蠕虫，其传播载体主要是网页、电子邮件等应用。因此，提供 Web 页面服务和电子邮件服务的应用系统需要重点加强对恶意代码的防护。垃圾邮件能够使邮件服务不可用，或者实施网络诈骗，散布非法信息，对业务的正常运行产生严重影响。对于 Web 页面和邮件中无法通过病毒特征库来识别的进程和代码，恶意代码和垃圾邮件防范可以使用动态沙箱来模拟终端运行环境，判断是否为影响业务系统的恶意进程。

安全审计的重点包括监测网络流量和设备运行情况、记录和识别异常流量并进行报警等。安全审计对网络日志进行分析，形成报表，并根据具体情况采取报警、阻断等操作。

除了上述安全控制项外，在实际业务应用场景中，身份认证、访问控制和数据传输过程所生成数据的完整性和保密性的保障也是网络区域边界安全防护考虑的内容。

（四）通信网络安全

1. 增强通信网络系统自身的安全防护水平。

工会网络安全防护工作成效的提升，应从提高网络系统自身防护等级入手。

第一，应对通信网络系统安全防护工作给予足够的重视和资源投入，并加强对网络系统安全防护工作细节的研究与应对，一方面有助于促进通信网络运行效率的提升以及网络系统安全防护工作的规范化发展，另一方面可以不断提升通信网络系统安全防护设计方案的合理性与实效性。

第二，对通信网络环境净化工作以及私人信息保护工作给予充分的认识与重视。其一，对通信网络数据信息传播渠道的保密性以及安全性进行强化，提高数据信息传输渠道的非法入侵抵御能力，最大限度地降低数据信息传输过程中遭受影响和破坏的概率；其二，强化通信网络系统漏洞查找以及补完工作，其原因主要是受如今科技水平等因素的影响，通信网络系统难免存在或大或小的系统漏洞，使得部分不法分子利用这些系统漏洞达到入侵网络系统并以此牟利的目的，同时，系统漏洞也会对通信网络系统运行稳定性造成影响，这就需要相关技术人员重视并加强对系统漏洞的扫描查找，从而及时采取妥善的处理和修补措施对系统安全漏洞进行弥补，实现通信网络系统运行安全性和稳定性的提升；其三，应做好通信网络数据信息甄别以及传输检测工作，通过先进技术手段对网络数据信息甄别功能进行提升和完善，从而及时发现和处理有安全风险的数据，进一步降低外来侵害对通信网络系统造成的影响和破坏。

2. 制定更具针对性的通信网络系统安全防护对策。

制定针对性的防护对策是通信网络系统安全防护工作的重要组成部分，也是确保网络系统安全、稳定运行的有效途径之一，通信网络系统安全防护对策主要包括以下几个方面：

第一，制定更加完善的网络系统访问权限，例如很多软件正在使用的申请验证功能以及实名验证功能，而进一步加强网络系统访问功能的创新和优化，一方面有助于防止隐藏自身信息的非法用户入侵网络系统，降低重要数据信息被盗取和破坏的风险；另一方面有助于对网络入侵等不法行为进行追根溯源，从而减少网络系统入侵事件的发生频率。

第二，强化网络系统使用权限的设置，例如很多软件和网站除了需要用户通过登录密码等方式对身份进行验证外，还会对网络用户的账号进行不同等级的划分，然后针对不同等级的账号分配不同类型的软件或网站使用权限。这不仅可以避免网络用户随意执行权限范围以外的操作，从而降低重要数据信息被随意篡改、删除和盗用等安全问题发生的概率，还可以提高软件以及网站的自我防御能力。

第三，加强通信网络系统应急恢复机制的设置，一方面是为了进一步降低网络系统安全事故造成的影响和破坏，另一方面也是为了应对越来越复杂的通信网络环境。不仅需要通过先进技术手段构建完善、高效的数据信息应急恢复系统，还应派遣专业团队进行管理。

3. 强化网络系统数据信息加密工作。

对通信网络数据信息进行加密是提高网络系统安全性的重要举措之一，也是如今较为常用的网络系统安全防护手段。目前应用范围较广、应用频率较高的数据信息加密技术主要包括以下几种。

其一，端到端加密技术，主要是在数据信息传输之前对其进行加密处理，且在数据信息传输过程中不对其进行解密，而是在接收端对数据信息进行解密。与链路加密技术以及节点加密技术相比较，端到端加密技术更加安全可靠，哪怕不法分子对网络节点进行入侵也难以得到切实有效的数据信息，再加上端到端加密技术具有较好的稳定性以及使用方法较为简便等特点，在通信网络系统安全防护工作中有着较为广泛的应用。但端到端加密技术也具有一定的劣势，那就是难以对数据信息发送端和接收端进行完全遮掩。

其二，链路加密技术，这是一种在线加密技术，主要是借助网络链路对数据信息进行加密，且在经过每个节点时都需要进行数据解密和再次加密这一步骤，不仅可以令数据信息以密文的形式在通信网络中传输，还可以对数据信息的发送端和接收端进行遮掩，有效提升了通信网络中数据信息的传输安全性。但链路加密技术的应用要求数据信息发送端和接收端设备具备较高的同步性，会对通信网络运行带来一定的影响。

其三，节点加密技术，这是一种与链路加密技术非常相似的技术手段，都是在线上对数据信息进行加密，但二者的不同之处在于，节点加密技术主要是在网络节点的安全模块中进行数据信息的解密和加密处理，使得数据信息不会以明文的形式经过网络节点，进一步提升了数据信息传输安全性。

4. 加强通信网络安全技术的创新与完善。

随着计算机和互联网技术的普及，通信网络安全防护工作逐渐受到社会各界越来越多的关注和重视，而根据如今通信网络实际情况以及安全防护需要，不断对网络安全技术进行研发和完善，对通信网络系统安全防护成效的提升有着重要意义。一方面，应加强对数据信息加密技术的研究与改进，除了需要对现有的加密技术进行升级以外，还可以合理选择多种加密手段进行综合运用，从而提高通信网络数据信息传输的安全性和破解难度。另一方面，加强防火墙技术的创新与发展，比如，对防火墙的非法访问检测和拦截能力、风险数据信息的甄别和处理能力进行升级与完善，实现防火墙安全防护能力的全面提升。

二、工会网络安全管理工作

（一）网络安全管理组织

为了加强对工会的网络安全环境进行规划和控制，要有独立的网络安全管理部门，从而更好地对单位进行信息安全管理和战略部署。有的网络安全管理部门作用发挥不明显，甚至根本没有设置，而作为单位中对于网络安全最为重要的部门，网络安全管理部门应该获得足够的重视以及足够的管理授权，并在实际的网络安全管理工作中承担更多的实际职能。比如推动内部安全互相监督、安全绩效考核等，同时鼓励单位内部各部门向网络安全团队提出网络安全建议，设置部门安全协调员，促进跨部门的协作等。

（二）网络安全检查

网络安全检查的内容应以等保基本要求国家标准为基础，结合主管单位和责任单位的安全管理和安全技术的需要，制定符合自身系统特点、技术上可行的安全检查内容。通常可根据等保基本要求的分类方式编排检查内容，并形成文档，在检查内容列表中将相应的检查方法对应编写进去。

根据等保基本要求，网络安全检查内容可分为管理类和技术类两部分。

管理类检查内容包括网络安全管理制度、网络安全管理机构、网络安全管理人员、网络安全建设管理、网络安全运维管理；技术类检查内容包括网络安全物理环境、网络安全通信网络、网络安全区域边界、网络安全计算环境、网络安全管理中心，以及新技术新应用方面的云计算、移动互联、工业控制、物联网、大数据等内容。管理类检查应重点关注网络安全管理工作的过程和执行情况，如网络安全员开展督促、检查和指导日常工作情况；网络安全工作计划和方案的落实情况；网络安全管理规章制度的执行情况；网络安全经费实际投入情况；参加网络安全技能培训情况；重要岗位网络安全和保密协议签订情况；网络安全事件处理过程及总结情况；网络安全通报的接收、发布等网络安全管理系统的基本运行情况；网络应急预案、演练和网络安全事件应急处置情况等。

技术类检查应重点关注网络基本安全防护项和技术落实情况，同时关注对网络安全影响较大的专项。例如，检查网络边界安全防护的有效性，包括边界接入网络架构、业务系统接入、登记注册、安全防护强度等情况；检查外网接入情况，包括互联网访问日志分析、抗拒绝服务攻击、网页防篡改等；检查电子邮箱使用情况，包括非本部门人员特别是无关人员的使用情况等；检查计算机终端安全防护，包括集中安全管理措施、账户口令强度和更新情况；检查敏感信息的存储、传输和加密情况等。网络安全检查工作可根据检查对象对新技术的使用情况，参照国标中的新技术，扩展要求选择的安全检查内容。

（三）网络安全宣传教育培训

网络安全宣传教育培训要体现层次性，对不同岗位的人员进行侧重不同的培训：

对主管网络安全工作负责人的培训，其重点是掌握和了解本单位网络安全的整体策略及目标、网络安全体系的构成，以及安全管理机构建立和管理制度的制定。

对负责网络安全运行管理及维护的技术人员的培训，其重点是充分理解网络安全管理策略，掌握安全评估的基本方法，对安全操作和维护技术的合理运用。

对信息系统用户的培训，其重点是学习各种安全操作规程，了解和掌握与其相关的安全策略，包括自身应该承担的安全职责。

对于特定的管理人员提供特定的安全培训，比如负责密钥管理的人员，就应该特别注重密钥管理方面的技能培训，而对于网络服务的提供者，着重强调网络服务安全注意事项。

（四）网络安全应急管理

面临诸多网络安全风险，要建立一个有效的、及时的网络安全应急响应体系，规范和引导信息系统应急管理工作，提高对网络安全突发事件的应对水平和处置能力，有效防范和化解信息系统风险。良好的网络应急响应体系应包括以下要点。

1. 确定应急响应体系的目标、依据、适用范围和总体原则。

应急响应体系建设的目标是提高对网络与信息安全突发事件的应对能力，减少重大网络与信息安全突发事件造成的损失和危害，保障系统运行平稳、安全、有序、高效。总体原则上，要坚持保障与应急响应相结合，坚持预防为主，做好日常安全工作，建立信息安全预警和事件快速反应机制，加强安全监管，建立完善的信息系统安全监控和管理机制，明确信息安全应急响应工作的角色和职责，建立应急响应各项工作的处理流程，实现应急响应工作的规范化、制度化和流程化。

2. 做好网络安全事件的分类分级。

网络安全事件的分类和分级决定了后续的预警机制、通报机制以及后续采取的应急处置预案，需要针对组织自身业务特点，参考对应的标准制定。分级方面，可综合考虑突发事件的起因、表现、结果等，将突发事件分为有害程序事件、网络攻击事件、信息破坏事件、信息泄露事件、信息内容安全事件、信息系统故障、灾害性事件和其他突发事件 8 个基本分类，每个基本分类分别包括若干个子类。突发事件可依据其影响范围及持续时间等因素分级。当突发事件同时满足多个级别的定级条件时，按最高级别确定突发事件等级。事件发生后，还应依据事件影响范围和影响时间的变化，按照上述定义进行事件级别的升（降）级。

3. 确定应急组织架构和权力职责。

应急事件需要多部门协作应对，良好的应急组织架构和明确的权利职责范围，能清晰明确保障处置和报告等各岗位的角色定位，形成统一指挥、协调联动、专业处置、沟通顺畅、反应灵敏、运转高效的保障和应急体系，有效履行保障和应对网络与信息系统突发事件的职责。

4. 监控和预警机制。

应急响应体系的作用不只是发生事件时的处置，更应做好日常监控预防和安全预警，及早发现事件隐患，及时采取有效措施。做好信息系统日常防护，定期组织开展安全检查。在新系统上线、系统升级、网络改造等重大变更时，做好风险评估。加强情报和预警体系的建设，建立起网络与信息安全事件情报收集渠道，加强对远期预警信息的监测，充分利用网络与信息安全事件预警和监控系统，并结合第三方监测信息，及时发现网络安全威胁或事件发生的迹象和趋势。

加强供应链服务能力监控，对电力、通信等重要基础设施服务商，主机、网络、存储等重要设备服务商，系统集成服务商以及其他外包服务商的技术与产品政策、服务水平、服务能力发生变化可能产生的影响，及时进行风险评估和预警。

建立关键时点监测与预警机制，在重大业务活动、重大社会活动、信息系统重大变更等关键时点加强风险监控和预警，做好应急准备。

5. 应急预案的建立和维护。

应急预案可指导事件的处置，包括发现、研判和通报的整体工作，一旦安全预警发出或者安全事件发生，可根据对应情况，启动相关综合应急预案和专项应急预案，按照预案执行相关操作并及时报送信息。

应急预案的评估和修订，应参考实际应急工作过往案例和应急工作总结报告进行，以确保应急预案的准确性和有效性。

6. 日常宣贯与演练。

对应急预案进行宣贯和培训，可使所有人员了解各自在网络与信息安全应急工作中的职责，明确发生网络与信息安全事件时应采取的行动步骤。培训工作应突出针对网络与信息安全应急工作相关管理人员和技术人员的专业培训，根据应急工作组织中不同的角色职责，制定和实施有针对性的管理和技术培训。应急演练是模拟突发网络与信息安全事件，各有关部门和人员按照应急预案中描述的步骤进行的一系列活动和措施，每年至少一次。在更新应急预案后或遇有可预见的安全事件时，应及时开展应急演练，以检验应急预案的正确性，不断加强人员的安全意识和应急响应的熟练程度。

7. 应急工作的保障。

为保证应急工作制度的执行情况，要建立对应的人力、物资和技术保障机制，明确领导责任，落实岗位责任制，建立相应的考核制度。定期更新突发事件应急通讯录，明确各级、各部门负责人、联系人及其联系方式，重要岗位要设置 AB 角。

（五）网络安全演练

中央网信办 2017 年印发的《国家网络安全事件应急预案》中明确指出，需要定期组织开展网络安全事件应急演练。开展网络安全事件应急演练，对于减少或避免网络安全事件发生造成的损失具有很重要的作用。

1. 充分认识应急演练的目的。

开展网络安全事件应急演练，其目的除了上述提到的提高应急实战处置能力和各类人员之间更好磨合外，还有其他方面。比如，提升网络安全应急意识，普及应急知识；验证应急预案中还存在哪些问题；发现应急人员、物质准备等方面的不足等。

2. 应急演练与应急预案形成闭环。

开展应急演练后，要根据演练的实际情况找出预案中存在的问题，完善应急预案，提高应急预案的准确性和可操作性。应急演练与应急预案之间要形成闭环。

3. 优化应急演练组织机构。

应急演练组织机构通常包括管理部门、参演部门，人员主要有指挥人员、实施人员、技术支持人员、保障人员、评估人员等。指挥人员的主要工作包括批准演练方案，指挥演练现场工作，总结演练效果等。实施人员的主要工作包括执行演练脚本，对网络安全事件进行应急处置。技术支持人员的主要工作包括应急演练过程中的技术支撑、保障工作。保障人员的主要工作包括落实演练过程中的人员、物质、场地、经费、通信、安全等方面的保障工作。评估人员的主要工作包括评价演练效果，编制演练评估报告。

4. 加强应急演练全生命周期管理。

应急演练的全生命周期主要包括准备阶段、实施阶段、评估总结阶段、成果运用阶段。准备阶段的工作主要包括编制演练计划、编制方案（工作方案、保障方案、评估方案）、方案评审、演练保障、演练动员及培训。实施阶段的工作主要包括演练启动、演练执行（监测预警、事件研判、事件处置）、演练记录、演练结束。评估总结阶段的工作主要包括进行演练评估，生成演练评估报告；对演练进行总结，生成演练总结报告。成果运用阶段的工作主要包括根据演练评估、演练总结报告中的问题，制定整改计划并进行整改落实，有专人负责监督整改落实情况。

（六）网络安全建设管理

信息系统要按照等保 2.0 要求来确定定级的主体，坚持“谁主管谁负责、谁运维谁负责、谁使用谁负责”的确定原则。新建系统要严格执行等保 2.0 的建设要求，在建设初期应在网络安全主管部门指导下进行信息系统的等保备案的工作，在上线前应该做漏洞扫描，没有中高危漏洞后方可上线。系统上线后，配合网络安全主管部门进行信息系统的等级测评工作。

（七）网络与信息安全运维管理

1. 建立或优化规范运维体系。

第一，明确运维组织机构和职责。一般情况下，运维组织机构往往是在单位负责人的分管领导下，由信息化管理部门具体指导，运维责任部门承担具体运维职责。该运维机构同时接受保密管理部门的监管。运维责任部门人员按照权限不同，可分设系统管理员、安全管理员和安全审计员等；同时，按照运维对象不同，可分为网络管理员、终端管理员、应用系统管理员、数据库管理员等。

第二，建立规范化的运维管理制度体系。实施信息系统运维管理，完整而有效的运维管理制度体系是解决运维痛点和问题的基础和保障。一般运维制度体系的制定涵盖两个管理层级，一是由信息化管理部门制定和发布的制度文件，包括运维管理制度、运维管理策略和操作规程等。运维管理制度是最基本的要求，策略是在制度的框架下针对各种安全问题提出的具体对策和解决方案。制度用以保障策略的实施和落实，而操作规程是实施安全策略的具体步骤。二是由运维机构制定和发布的系列操作规程，该系列文件在信息化管理部门发布的制度文件要求下，对运维人员和运维操作进行进一步细化，如针对运维机构自身业务如何开展培训，如何执行日常运维规范化操作等。

2. 培育自身运维团队。

运维人员是运维工作的核心，运维人员的责任意识和技能本领是运维安全的保障。信息化管理部门必须建立起自身的运维队伍，并具备网络、产品、终端等各方面的优秀人才，制定人才培养培训计划，定期参加培训并开展实战演练，确保运维队伍政治可靠、专业性强，有效解决运维各种问题。要对运维人员的任职条件提出明确要求，明确运维人员的职责和工作标准，签订安全承诺书，定期对运维人员进行履职考核和奖惩。

3. 建立对信息系统运维工作的监管机制。

为提高信息系统运维管理水平，强化日常运维执行能力，对运维人员的履职情况进行监管是一种必要的手段。一是信息化管理部门对运维机构的监管，这主要从任务下达方的角度监管运维工作的完成情况和用户的反馈情况。二是保密部门对运维机构实施监管，这主要从运维规范化的角度出发，对运维工作进行评价，从保密监督检查的角度对运维人员的操作是否合规进行评价，从而保障数据安全。

第四节　新形势新技术下的安全要求

一、云计算安全

（一）云计算概述

云计算是指以按需自助获取、管理资源的方式，通过网络访问可扩展的、灵活的物理或虚拟共享资源池的模式。

（二）云计算下的网络安全问题

1. 海量数据的管理风险。

云计算背景下计算机网络中的数据量异常庞大，海量的数据既需要有效的保存，同时也需要有效的管理。海量数据的管理风险尤为突出，实际的管理过程会对整个的计算机网络安全产生较大的影响。因此，云计算背景下海量数据的管理风险是计算机网络面临的主要安全风险之一，只有有效识别风险并降低管理风险，才能够保证海量数据的安全性。

2. 网络稳定性的风险。

云计算背景下计算机网络的架构模式与传统的网络架构存在一定的区别，在云计算的架构之下，网络的稳定性受到了一定的挑战。由于云端的数量较多，并且云端的控制方式也存在差异，导致云计算背景下计算机网络的整体稳定性受到了一定的影响。因此，有效识别网络稳定性风险以及根据可能存在的网络稳定性风险制定有针对性的解决方案，对提高计算机网络安全性和满足计算机网络发展需要具有重要作用。

3. 网络被入侵的风险。

云计算背景下计算机网络的架构存在多个云端，每一个云端作为一个既相互联系又相对独立的网络单元，存在被入侵的风险。如果云端的入侵风险不能得到有效的解决，那么整个计算机网络的安全性将会大打折扣，会对整个计算机网络产生毁灭性的打击。从这一点来看，网络被入侵的风险必须得到足够的重视，在实际的计算机网络架构和管理过程中，应当对入侵风险给予有效的识别和预防。

（三）云计算下网络安全问题的应对措施

1. 利用云计算技术，加强大数据的存储和管理。

为了保证云计算背景下的计算机网络安全水平得到提高，在实际的管控过程中，应当积极利用云计算技术加强大数据的存储和管理，采取数据加密、数据分块保管以及建立强大数据库等模式，对云端的大数据进行有效的存储和管理，提高大数据的保管质量，避免大数据在云端受到侵袭而导致丢失。因此，通过对云端的管控以及对数据的加密，能够解决云端大数据的存储和管理问题，提高数据的安全性，云端的数据安全和网络安全问题也就迎刃而解，并为计算机网络安全奠定良好的基础。

2. 推动网络安全发展，规范数据使用。

在云计算背景下，要提高计算机网络的安全性，就应当积极推动网络安全技术的研发，通过对数据进行规范，并建立有效的数据使用制度和数据管理制度，使整个数据管理能够更加有针对性，提高数据的使用规范性和数据的使用效果。要做好技术升级和数据加密，减少数据泄露的风险，同时也提高数据归类整理的有效性，保证计算机网络的数据安全达到预期目标。因此，规范数据使用、建立数据使用规则是解决计算机网络安全问题的重要措施，同时也是满足计算机网络发展要求的重要手段。

3. 发挥云计算的优势，设置多层防火墙。

云计算背景下计算机网络的整体架构发生了较大的变化，在实际的安全防控过程中，应当通过设置多层防火墙的方式来有效阻隔外界对云端的影响，通过建立防火墙以及升级杀毒技术的方式来有效提高云端数据的安全性，提高数据的整体使用效率，满足数据使用的实际需要，解决云端数据保管过程中存在的突出问题。因此，设立防火墙并采用有效的杀毒技术是提高计算机网络安全的有效手段，对于解决云端入侵问题和提高网络安全防护具有重要的推动作用。

二、大数据安全

（一）大数据概述

大数据是指具有体量巨大、来源多样、生成极快且多变等特征，难以用传统数据体系结构有效处理的包含大量数据集的数据。

（二）大数据面临的网络安全问题

大数据时代的来临，代表着计算机硬盘容量从TB级别向PB、ZB、EB级别的迈进，无论是数据规模还是容量都今非昔比，涉及的数据类型种类繁多。无论是在数据生成速度方面，还是在处理速度方面，都对现代数据管理提出了极大的挑战。

1. 物理环境问题。

在大数据时代，网络系统相关的终端物理设备和物理环境安全是首先要保障的。近年来，全球发生了多起令人震惊的数据泄露事件。无处不在的信息感知为我们采集了大量的数据，这些数据被储存在数据中心，有效保护数据中心物理安全尤为重要。无论是大数据外部入侵还是内部威胁，都应引起强烈的注意。严格防范安全威胁，保障大数据物理与环境的安全。

2. 数据访问权限混乱问题。

在大数据时代，数据体量庞大、内容繁多，针对每类数据的访问权限的设置是一个非常烦琐的工作。管理人员在面对庞大的数据实施授权操作时，其难度是可想而知的。数据访问边界的控制不当以及权限的不当设置会对网络安全造成严重的威胁。

3. 用户隐私安全问题。

用户隐私安全受多种因素影响，在大数据网络环境下，用户隐私泄露和被攻击的风险成倍增加。尤其是数据保存不当、使用不当或信息关联性等较强的话，会产生一些无法估量的恶劣后果。这就需要在对数据做关联性分析、安全隔离的时候，事先界定好数据所有权、使用权，加强安全隔离防护，从而达到保护用户隐私的目的，避免这些数据信息的窃取、遗漏，威胁用户权益。考虑到当前数据攻击诊断难度加大，在安全应对方面也要加以注意。

4. 数据存储安全问题。

在大数据时代，数据存储呈非线性增长特征，越来越多的数据集中到一起。虽然大数据存储在可用性和可扩展性上有所变革，但是众多非结构化数据类型不可避免带有自身缺陷性，在存储模式上并未成熟。无论是新代码、新安全防护模式抑或是数据管理机制、服务器软硬件安全等，都会带来存储方面的安全问题。

（三）大数据安全防护措施

1. 加强数据中心的安全防护。

随着大数据的发展，数据中心的安全问题越来越受到大家的关注。数据中心资源量大、数据集中、数据交换频繁，其安全性面临着风险和挑战。数据中心在建立之前要进行合理的规划，创新网络架构技术，加强安全分区管理。要提高数据中心的网络性能，保障其安全运行和使用。定期检查和维护环境安全，设置多层安保系统以防外部入侵。加强人员防范意识教育，提高对安全实践的关注。

2. 严格管理访问权限设置。

在大数据时代，用户的授权越来越开放化，各式各样的网站在注册时需要个人信息，这就形成了一个庞大的数据，而访问权限的不当设置，很容易造成这些数据的泄露。一方面，信息企业在建立网络平台时，要严谨地做好授权方案和授权前的检查工作，防止因授权不当产生漏洞，建立具有安全防护能力的网络。另一方面，要加强对访问权限的控制，保证用户在合法的范围内进行访问，注意对使用用户的不定期检查和身份认证，防止非法人员盗取用户信息、侵入网站，确保网络健康运行，改善已有网络环境的安全状况。

3. 加强法律法规建设，提高防范意识。

在大数据时代，信息行业迅速发展，各种非法手段频出，要加强法律法规的建设，严格抵制侵犯网络安全的行为，提高防止黑客攻击的技术水平和应急处理能力。计算机用户要提高网络安全防范意识，正确使用网络，不盲目浏览未知安全的网站或使用未知安全的软件。网络专业管理员也应提高网络安全防范意识，时刻抵制非法网络侵略者的攻击。

4. 做好数据存储安全。

要做好数据自身的加密与保密工作，根据不同类型数据的存储应用需求做针对性加密保护，在数据集和应用程序间实现移动式保护。将数据应用和数据存储做分离式保护，使用过滤器监控用户数据使用情况，管理期间做密钥保护，对异常数据应用情况做跟踪监控，对敏感性数据做好备份保护管理，尽可能提升存储环节的安全性。

三、移动互联网安全

（一）移动互联概述

移动互联是指采用无线通信技术将移动终端接入有线网络的过程。

（二）移动互联网面临的网络安全问题

1. 信息泄露问题。

移动互联网的用户不可避免地将自己的个人信息保存在一些服务的注册信息库中，由于移动互联网用户群体巨大，因此个人信息量也是很大的，而某些犯罪分子会寻找移动互联网的各种漏洞，非法获取这些个人信息，利用这些信息实施相关的犯罪。

2. 移动互联网络问题。

由于移动互联网的接入方式不同，接入类型多种多样，给其带来了安全威胁问题。攻击者可以通过对接入设备进行密码破解来获得对移动终端的访问权限，从而获取移动终端中的重要内容与信息。由于网络层可能存在移动网络设备，攻击者也可能通过查找其安装软件的漏洞对其发起攻击。

3. 移动应用问题。

移动互联网的应用非常丰富，导致网络安全问题更加复杂，可能引发病毒程序等一系列攻击，造成严重危害，其中主要有DDOS侵入、SQL恶意注入、滥定业务、盗取费用、支付安全等问题。

（三）移动互联网安全防护措施

1. 加强个人防范意识。

通过有效的方式向人们宣传移动互联网安全问题，讲述移动互联网安全问题对人们的危害。在进行数据信息安全的保护和访问控制过程中，采用设置访问控制策略的方式保证数据信息的安全性。对于数据库中的用户信息，可以采用隔离存储的方式，减少信息泄露的危险性。

2. 加强网络防护。

在移动互联网络中，用户应对网络透明，用户接入网络时应采用实名身份、实名地址，并将两者进行绑定，预防用户的不规范行为，并加强对用户的控制，预防用户对网络发起攻击行为，提高网络的安全性。但是，网络需要将自己的网络拓扑隐秘，在数据传输过程中进行加密，保证数据的保密性以及完整性，使不法分子不能轻易攻击网络节点。

3. 提供应用防护能力。

移动互联网提供了各式各样的应用服务，这就加大了感染病毒程序的概率，因此，需要严格审查服务提供方。在移动电子商务中，手机支付等业务也需要重点研究、重点防护，防止由于在交易过程中泄露交易账号密码等造成严重损失，也可以采用防火墙进行防护，防止攻击者的恶意攻击和侵入。

四、加强工会网络安全的工作思路

新形势下，在对全国总工会及各级工会自身安全体系架构进行设计与建设时，应以“纵深防御”为指导思想，在分析自身安全需求的基础上，通过建设“1 个中心”管理下的“3 重防护”体系，分别对通信网络、区域边界、计算环境进行管理，实施多层隔离和保护措施，建立预警、防护、检测、响应自适应闭环的安全防护体系，提升整体安全防御能力，构建单位可信、可控、可管的安全防护体系。

（一）整体安全策略

整体安全策略是以本单位信息化建设为基础，立足当下，着眼未来，从全局出发制定的方针、策略。该策略与单位内所有人息息相关，因此需要大家严格执行。整体安全策略应具有战略高度，并根据单位面临的安全风险的不同，进行动态优化与更新。

（二）落实国家网络安全等级保护制度

在实际的安全建设中，一方面，需要落实国家网络安全等级保护制度，对单位系统进行科学的定级备案，落实安全整改建设，通过等级测评对单位安全防护能力进行有效检测，在安全运营中持续进行安全监测和响应；另一方面，需要配合上级单位和监管单位进行安全监督和检查。

（三）增强安全技术体系

在安全技术体系方面，应从安全计算环境、安全区域边界、安全通信网络和安全管理中心四个方面分别进行设计。其中，安全计算环境是通过实施安全策略，以保障信息在存储和处理过程中的安全，主要针对定级系统的信息进行存储处理。安全计算环境包括：用户身份鉴别、自主访问控制、标记和强制访问控制、系统安全审计、用户数据完整性保护、用户数据保密性保护、客体安全重用、程序可信执行保护等。安全通信网络是在网络通信过程中，保证信息的机密性、完整性，特别是对定级系统安全计算环境之间各类信息传输过程实施防护。安全通信网络包括：安全审计、数据传输完整性保护、数据传输保密性保护、可信接入保护。安全区域边界主要在互联网边界以及安全计算环境、安全通信网络之间实现双向网络攻击的检测、告警和阻断。安全区域边界包括：区域边界访问控制、区域边界包过滤、区域边界安全审计、区域边界完整性保护。安全管理中心则是对安全技术体系进行管理，包括系统、安全、审计三个方面，同时按照所划分的权限对接口进行管理。

（四）构建安全管理体系

在构建安全管理体系方面，应围绕整体安全策略，从制度建设、单位管理、工作人员管理、建设与运维等方面进行统筹规划与设计。其重点内容包括安全管理机构的组建，安全策略、管理制度、操作规程、记录表单等安全管理制度体系的补充和完善，安全相关人员的录用、培训、授权和离岗管理，围绕信息系统全生命周期安全的安全建设管理和安全运维管理。

（五）设立安全域

在安全域方面，应根据机构各部门不同的职能、重要程度和所涉及信息的重要程度等，对服务器、各类终端等进行安全域的划分，并从管理和控制两个维度，划分不同的安全域，分配不同地址段。不同区域之间，因结构不同，可以最大限度地发挥网络性能。为更好地保障各业务系统的正常运行，应全面提升信息系统的安全保护水平，细致地划分安全域，促使每个区域执行相应安全策略，实现全面防护。

（六）强化网络安全意识

通常来看，单位内部工作人员在网络安全意识方面的认知与实践水平，往往直接决定了机构的整体网络安全水平。考虑到机构内部人员分散性和独立性的特点，应当将强化各部门人员的网络安全意识作为信息化建设中的重点任务。一方面，要常态化地开展内部整体的网络安全培训会、研讨会，使内部所有员工对网络安全问题的重要性有清晰和高度的认同，从内部整体层面统一网络安全认知；另一方面，在做好各部门内部网络安全意识培训的同时，还要构建跨部门网络安全协作意识培训，使那些经常参与跨部门协作的人员能够突破自己原本只重视本部门网络安全的局限性，将安全意识上升到跨部门乃至整体、全局的层面。

（七）健全相关制度，规范网络安全管理流程

在网络信息化建设过程中，要想解决好网络安全问题，必须建立健全相关制度，规范网络安全管理流程。在应急预案方

面，由于网络安全事件具有突发性、难以预测等特点，往往会在短期内对网络安全工作造成严重影响。对此，应制定一套行之有效的应急管理预案，设置专门的应急管理部门，并配备专业化的管理人员，负责相关部门的协调、组织及监督等各项工作，明确工会各业务部门在安全事件发生时的具体应对策略，定期开展应急演练。在此基础上，如果发生突发事件，可按照规定流程进行处理，从而推动工会信息化网络安全的规范化。

在信息化平台建设过程中，建立健全完善的计算机网络安全管理与维护工作体系是十分必要的。对此，应完善相关工作体系，建立相应的责任追究制度，明确划分相关部门的工作职责，以更好地推动计算机网络安全管理与维护的有序开展。同时，还应注重考核机制的建立，对表现良好的工作人员进行相应的奖励，充分调动起工作人员的积极性，增强员工的凝聚力、向心力，进而使各个部门能够参与到计算机网络安全管理与维护中，大力推动工会信息化的全面性、全方位建设。

工会各部门应该意识到，单纯依靠信息化建设、依靠机器，是无法做到百分之百防护的。在依托成熟的安全技术和可落地的安全管理措施的同时，还应关注与人相关的各要素。要建立健全相关的制度规范，加强网络系统安全建设，提高对网络安全的重视程度，做好数据备份，优化外部环境，坚持系统思维，大力推动计算机网络安全管理与维护创新等，最终促进工会网络安全与管理取得更好成效，实现长远发展。

思考题：

1. 工会网络安全面临的挑战有哪些？
2. 为保证计算环境安全，身份鉴别的常见技术有哪几种？
3. 《党委（党组）网络安全工作责任制实施办法》中规定的网络安全工作责任主体有哪些？

第六章　工会网上工作创新发展

“十四五”时期，我国信息化进入加快数字化发展、建设数字中国的新阶段。工会网络安全与信息化建设迎来前所未有的重大机遇，也面临着数字化转型、服务升级等诸多挑战。于危机中育先机、于变局中开新局，工会组织要积极适应职工队伍规模结构、就业方式、分配方式、利益诉求、思想观念的深刻变化，适应新技术、新业态、新模式背景下劳动关系的深刻调整，运用新思维、新手段、新技术着力优化工会网络安全和信息化发展环境，增强工会网络安全和信息化发展能力，推动工会自我变革、推进工作方式创新发展，增进工作的系统性、整体性、协同性，使工会信息化应用成效持续提升、职工群众满意度不断提高，努力在新发展阶段开创工会网络安全和信息化工作的新局面。

目前，全国工会网上工作仍面临数字化意识不强、应用平台缺乏吸引力、管理体制机制不够完善等问题。智慧工会建设应尽快形成能够总揽全局、协调各方、推进有效、落实有方的管理格局，加强顶层设计、统筹谋划，科学推进智慧工会建设事业，从而进一步提高工会治理数字化水平，提升工会数字化服务效能，提高工会网上工作决策的智能化程度和网上思想政治引领能力。创新发展工会网上工作，既是贯彻落实党中央建设网络强国、数字中国、智慧社会发展战略的重要举措，又是满足职工群众日益增长美好生活需求的关键抓手。

第一节　工会网上工作的未来发展趋势

一、不断提高工会治理数字化水平

信息技术的革新改变了人们传统的工作、学习、生活和娱乐方式，同时对工会工作模式、工会参与社会治理能力和工会管理模式等提出了挑战。利用信息技术改进工会工作及服务效能，形成新的工作方式，已成为各级工会面临的新课题。未来，工会网上工作从业务数字化到数字业务化、从管理分散化到治理标准化、从线下为主到线上线下有机融合三方面出发，进一步提高工会治理数字化水平。

（一）从业务数字化到数字业务化

未来智慧工会建设要主动融入网络强国、数字中国、智慧社会的战略大局中，不仅要对接数字政府，也要积极参与智慧社会的数字化进程，加快数字化转型，为数字中国建设贡献工会力量。数字化转型的本质是用数字的新思维、新方法、新技术、新工具，对工会工作流程、运行模式等进行持续的升级转型。数字化强调的是增长，内涵是创新，创新的目的在于可持续性。

智慧工会要以新一代信息技术为支撑，重塑工会信息化管理架构、业务架构、技术架构，通过构建大数据驱动的工会新机制、新平台、新渠道，进一步优化调整工会内部的组织架构、运作程序和管理服务，全面提升工会各项履职能力。数字化能够实现扁平、透明、高效的在线服务和管理，由内容和功能的叠加变为数据和业务的融合。

“十四五”时期，工会数字化治理水平应更趋现代化。要打造基于区块链技术的会员数字身份账户系统，建成标准统一的工会基础数据库，实现工会数据资源的共享整合，聚焦数据和应用，向各级工会赋能，为加强工会精准服务、业务协同、宏观决策提供技术和数据支撑。真正实现工会信息化工作的全面数字化转型，打造数字化、智慧化和高效能的工会体系。

工会网上工作业务数字化和数字业务化并非对立关系，工会数字业务化是信息化时代工会业务发展的更高级阶段。推动数字业务化可以采取以下举措：一是将数字工会相关数据资源对外开放，提供查询、统计分析、数据处理等服务；二是通过建设开通网上工运史馆、工匠学院等在线服务载体，激发“工”字特色知识活力，提供更好的数字服务；三是工会网上普惠服务过程中汇聚海量数据，进而推动新的业务创新发展。面向未来，全国工会系统通过从业务数字化到数字业务化，真正形成“用数据对话、用数据决策、用数据服务、用数据创新”的工会现代化治理模式。

（二）从管理分散化到治理标准化

自2019年全国总工会成立网络安全和信息化领导小组以来，全国总工会以及各省级工会统筹规划、加快推进，在实现各类资源和应用服务的互联互通上取得了一定的成绩，但仍存在普惠服务平台建设管理分散、办事系统繁杂、事项标准不一、数据共享不畅、业务协同不足等问题。工会系统需要进一步强化顶层设计、强化整体联动、强化规范管理，加快建设全国一体化在线普惠服务平台。全面提升工会普惠服务规范化、便利化水平，更好地为工会组织和职工群众提供全流程一体化在线服务，推动工会治理现代化、标准化。智慧工会建设从管理分散化到治理标准化，需加强组织领导、规划实施、标准规范、资源共享和安全保障等方面的统一。

统一组织领导。智慧工会建设是系统性工程，需要全国工会系统统一组织协调，逐步推进。新建的业务系统原则上必须利用统一网络平台。

统一规划实施。按照“超前预测需求、超前规划、适时建设”的指导原则，以规划手段引导智慧工会建设健康有序发展。项目建设要有效防止“条块分割、信息孤岛”等现象，合理配置资源，保障智慧工会建设统一集约化发展。

统一标准规范。在推进智慧工会集约化建设过程中，大力推进数据标准，按照国家相关标准规范，结合工会系统实际，开展标准规范研究，实现全国工会系统统一标准规范，逐步形成与国家标准接轨的接口标准体系和技术规范。

统一资源共享。智慧工会集约化发展要构建纵向到底、横向到边的全国统一数据共享平台，满足省（区、市）工会网络互联互通和资源统筹管理。

统一安全保障。智慧工会集约化发展要统一安全保障体系建设，坚持积极防御、综合防范，实现智慧工会信息安全保障能力协调发展。坚持智慧工会安全系统与主体工程同步规划、同步建设、同步发展的原则，切实保障信息安全。

“十四五”时期，全国工会将进一步优化完善工会业务数字化顶层设计，整合全国工会网上资源，明确全国、省、市、县四级工会在平台建设的工作边界，条件成熟的地方工会探索地方特色服务，积极构建标准统一、各具特色的全国工会网上工作体系；通过全国统一的数据规范、接口规范等平台建设标准，在数据融合的基础上，进一步推动业务融合、功能融合和统一身份认证；编制实施工会系统数据资源标准规范和开放共享标准，做好与国家基础数据库和重大信息化工程之间的共享衔接。加快工会电子政务网络建设，实现与同级政务网络平台安全接入。同时，积极探索各地工会特色频道建设，推动网上工会建设由“面”到“点”的覆盖，逐步形成全国上下“一盘棋”的局面，切实推进标准化与数据治理相互促进融合。

（三）从线下为主到线上线下有机融合

传统的工会工作注重线下开展，智慧工会时代将线上和线下看作办一件事情的过程而不是一种方式。随着 5G、人工智能、区块链、物联网以及大数据、云计算等新技术不断被用于智慧工会建设，职工群众服务工作也应积极探索基于大数据和人工智能的精确分析，推进跨区域、跨领域的数据融合互通应用，提升工会服务智能化、精准化水平。

在由线下为主向线上线下相结合转变过程中，须解决好平台应用与业务“两张皮”问题。把建好、用好网上工作平台作为工会改革创新的重要内容，积极构建工会大服务格局，进一步推动工会业务上网、服务上网、活动上网，聚焦法律援助、困难帮扶、教育培训、技能提升、就业创业、互助保障等重点领域推动数字化服务普惠应用，不断提升职工群众获得感、幸福感。不断增强工会网上工作对职工群众的吸引力、凝聚力。推进线上线下普惠服务共同发展、深度融合，积极发展在线课堂、工匠学院、智慧图书馆等，支持高水平典型示范类省（区、市）工会对接基层、边远和欠发达地区，扩大优质普惠服务资源辐射覆盖范围。

二、不断提升工会数字化服务效能

“十四五”时期，全国工会系统将构建基于互联网的工会服务应用创新体系。建设全国工会服务平台，打造以媒体宣传、就业服务、技能提升、法律维权、文化服务为重点的网上应用服务体系。创新网上普惠服务模式，推行网上普惠服务精准化，提升工会服务平台用户活跃度、满意度。创新工会多元化服务，推进与政务服务、社会服务、企业服务的有机结合，实现工会网上服务资源优化配置和共享。

（一）从服务渠道繁多到应用端统一

目前，全国工会系统的服务应用种类繁多，各种普惠服务应用端如雨后春笋般涌现，拓宽了工会服务职工群众的渠道，也提高了职工网上办事效率。智慧工会时代，工会系统要进一步加强沟通和渠道整合，实现多渠道的统一接入、统一视图、统一服务、统一监控和统一信息流的一体化管理，从而进一步提升工会数字化服务效能。

工会系统将构建以实名制数据库为基础的去中心化会员数字身份平台，为职工、会员提供可信、统一的数字身份，奠定智慧工会基础，从而实现工会服务智能化、精准化水平的有效提高。工会服务系统将已开通的手机 App、微信小程序、H5 页面等多个承载平台打通，统一管理后台，达到职工一次登录、全网通用。同时，以共创为手段，构建普惠服务体系。按照全国总工会统筹各省优质应用，省总工会负责做本地基础业务开发，各地做增值服务和特色服务开发的思路，推动各级工会结合地方资源优势与特点，设计和开展项目与活动，通过多种服务来收集数据，再用数据驱动服务增值，体现地方特色，实现普惠服务机制，不断延展和创新服务模块。

（二）从单向服务到服务—数据双驱动

一直以来，各级工会组织通过开展春送岗位、夏送清凉、金秋助学、冬送温暖等品牌活动以及技能培训、新就业形态劳动者权益保护等活动，取得了良好的效果。工会干部是职工群众的“娘家人”，竭诚服务职工群众是工会的基本职责之一。智慧工会时代各级工会要通过数字化转型，实现从单向服务到服务—数据双驱动，打造更加普惠化、更加精准化的职工群众服务。

随着信息技术的迭代升级，其内在规律、方法、思维模式、认知也在不断变化，要及时将这些新的方法、思维和认知引入工会工作的各个领域，与数据能力、IT 能力充分结合起来，充分打通流程、打通数据、打通系统，让智慧工会运转更有效。同时，智慧工会的创新发展催生新的业务、新的需求，这些新业务和新需求再带动技术的改进升级，真正达到服务—数据双驱动。比如，山东省总工会借助数据分析和挖掘，通过工会会员信息与民政部门城市低保、特困家庭信息比对，找到未建档低保、特困职工家庭进行主动服务，对困难职工信息及其企业劳动关系状况等进行交叉分析和评判，实现了线上精准夏送清凉。

三、不断增强工会决策智能化程度

科学决策是现代管理的核心，决策是决定管理工作成败的关键。经验型决策与响应式决策常常缺乏真实可靠的数据做依据，多是依赖主观经验。数字化时代信息量猛增，单个人的经验或者响应式决策已不能满足智慧工会建设和精准、高效服务职工的需求，未来工会工作决策要更趋智能化、客观化。

（一）从经验型决策到数据型决策

经验型决策与数据型决策的本质区别在于方式方法的不同。经验型决策的主体一般依赖于个体的经历与主观认知，而通过数据分析的数据型决策具有动态性、全局性和不确定性等特点。经验型决策主要凭借决策者的主体素质，带有直观性和主观性；数据型决策则尽可能采用先进的技术和方法，兼容吸收过去的成功经验和案例，在理论指导下处理决策问题。因此，应该把经验型决策与数据型决策结合起来，有效提升智能决策能力。

“十四五”时期，各级工会要全面加强工会网上工作平台的创新，充分发挥大数据对工会决策的支撑作用。大数据应用能揭示传统技术方式难以展现的关联关系，推动工会数据开放共享，促进工会系统数据与国家大数据的融合和资源整合，极大地提升了工会整体数据分析能力，为有效处理复杂的舆情问题提供了新手段；通过大数据关联分析和深度挖掘，可以寻找职工群众面临问题症结所在，充分实现对症下药、精准施策；利用大数据技术，能够更加全面、真实、动态地记录职工群众工作、生产全过程，通过数据分析与应用，使工会组织更加精准地了解职工群众，从而改变传统服务职工群众的模式，使智能化服务成为可能。

未来，工会系统要运用大数据资源，构建工会系统决策支持系统，扎实推进互联网与工会工作深度融合发展，逐步实现从经验型决策到以数据分析为基础的科学决策目标，从而更好地引领职工群众听党话、跟党走。

（二）从响应式决策到前瞻性决策

工作态度决定工作成效。服务职工群众应是一个主动的过程，是将工作过程中的信息、流程、问题、结果主动告知、主动推进的过程。响应式决策是一种被动的状态，响应式干工作不能很好地发挥自身主观能动性。而前瞻性决策往往是将决策从事后转变为事前，有预判、有分析、有准备地开展各项工作，进而尽量避免处于被动工作状态。

当前，工会系统要建立和完善工会数据资源管理体系，建设大数据分析研判和决策支撑系统、上下联动的应用市场。通过工会智能数字治理体系，将数据能力和应用能力向各级工会赋能，为实现工会精准服务、业务协同、宏观决策提供技术和数据支撑，以便更好地作出前瞻性决策。

四、不断强化工会网上思想政治引领

“十四五”时期，工会网上宣传工作要继续巩固发展网上舆论阵地，做强工会主流网络媒体，强化各级工会网站建设，推进工会融媒体纵深发展，构建网上网下一体，以“工”字特色内容建设为根本，新型运行管理模式为保障，全媒体人才队伍为先的报、网、端、微、刊全媒体传播服务体系。

（一）形成智慧全媒体传播体系

《中共中央关于制定国民经济和社会发展第十四个五年规划和二〇三五年远景目标的建议》明确指出，推进媒体深度融合，实施全媒体传播工程，做强新型主流媒体，建强用好县级融媒体中心。当前，中国的媒体融合已从“十三五”时期的1.0版走向了“十四五”时期的2.0版，即纵深发展时期。构建全媒体传播体系是工会“十四五”时期网上宣传工作的主要内容和努力方向。融媒体和全媒体是两个不同的传播概念，融媒体不等于全媒体，媒体融合是发展过程，是手段；全媒体是发展结果，是目的。媒体融合就是从单一媒体到融媒体、多媒体再到全媒体的阶段。全媒体不仅是传播传统意义的新闻、娱乐等信息的业务功能型载体，还是传播数据、通过连接提供服务等融合服务型平台。将大数据、人工智能赋能于这种全媒体传播，可以完成信息在任意时间、空间条件下，通过任意媒介到达需要到达的任意节点，在任意场景中都可以实现效果。

智慧全媒体传播体系基本框架要从思维、技术系统、用户系统、产品系统、业态系统、体制机制6个子系统进行建构。一是要建立互联网思维、移动互联网思维、全媒体思维，将媒体智慧化和场景化，以用户数据为核心，多元产品为基础，多个终端为平台，深度服务为延伸。二是要建立全媒体技术系统。充分利用5G、大数据、云计算、物联网、区块链、人工智能等新技术应用，实现一体化资源配置、多媒体内容汇聚等功能。三是要建立全媒体用户系统。转变对职工群众、会员、用户的认知，对使用者进行精准画像，实现内容与用户的智能匹配与推送。四是要善于开发全媒体产品体系。例如，加强对技能培训、技能竞赛、工匠精神等“工”字特色产品的打造。五是建立全媒体业态系统。六是对新旧媒体进行组织重构，实现体制机制优化。同时，加强全媒体人才队伍建设。只有明确区域综合智慧平台的定位，在融媒体平台上实现信息治理体系和信息治理能力的现代化，打造技术与内容两个核心，建立“内容+政务+服务+商务”四个体系，搭建“技术、生产、运营”三个团队，才能形成智慧全媒体传播体系。

“十四五”时期，推动媒体融合向纵深发展，要继续打造一批具有强大影响力和竞争力的新型主流媒体，加快构建网上网下一体、内宣外宣联动的主流舆论格局，建立以“工”字特色内容建设为根本、先进技术为支撑、创新管理为保障的全媒体传播体系。同时，要深化体制机制改革，加大全媒体人才培养力度，加快推动媒体融合向纵深发展，从而真正达到“牢牢占据舆论引导、思想引领、文化传承、服务人民的传播制高点”的目的。

（二）形成网上宣传内容多元生态

全媒体传播体系的建立，有利于工会网上宣传工作的深度融合发展，有利于多媒体、宣传内容、人才资源的有机结合，也有利于构建内容多元、多方参与、效果共享的开放的网络生态，促进工会网上宣传工作健康发展。随着互联网的普及，职工群众多元化的内容需求飞速增加。工会网上宣传工作要汇聚多元化用户需求、多品类内容生态，“一站式”满足新闻资讯、知识获取、社保转移、技能提升等多元内容场景。

近年来，全国总工会与中央网信办联合主办“网聚职工正能量 争做中国好网民”主题活动，通过各级工会面向职工群众广泛征集网络正能量歌曲、微视频、摄影作品、诵读作品和职工网络达人等，充分展现了劳模风采、工匠精神，宣讲了劳动者故事，成为“工”字系列品牌活动，为打造工会系统网上宣传内容多元生态发挥了积极作用。

智慧工会时代，全国工会系统将继续利用好、管理好报、网、端、微、刊，形成强大宣传声势，掌握主导权，弘扬正能量。工会网上宣传要致力于打造内容丰富、生动有趣、原创性强的“工”字特色内容培养体系。同时，需要通过跨层级、跨区域、跨部门的新媒体传播体系，持续产出职工热爱并富有创造力的多元内容生态。

第二节　工会网上工作面临的挑战

一、数字素养亟待增强

在数字化时代，工会干部是否具备足够的数字素养，决定着智慧工会的建设质量，影响着工会组织的改革创新发展。如果工会干部缺乏足够的数字素养，就无法准确把握数字化时代信息技术创新发展和应用的趋势规律，不能有效应对工会组织在数字化时代面临的风险挑战，更不可能使数字化成为推动工会工作转型升级的有力引擎。

（一）数字意识不强

智慧工会不是简单的上网工会或网上工会，也不仅仅是对数字技术的运用和实现，其本质是工会在数字化时代全面的、立体式变革。工会干部是否具备了数字化理念、数字化思维，以及对数字化的认识程度，从根本上决定了工会数字化转型的发展进程，决定着能否真正建成智慧工会。从主观认识和实际行动上，是愿意开展还是不愿意，是早开展还是迟开展，不同的路径选择使各地的智慧工会最终呈现出的样貌大不相同。放眼未来，只有具备与时俱进的数字意识，工会的数字化转型才有思想基础，才能对智慧工会“需要干什么，应该怎么干，怎么能干好”有清晰认识，形成明晰一致的工会数字化转型目标和共识才有可能。

数字意识不强将会大大影响智慧工会建设，投射到工会数字化转型过程中的诸多方面。例如，有的工会干部认为智慧工会仅仅是信息化部门的工作，存在“说起来重要，做起来次要，忙起来不要”的现象，把数字化仅仅作为工作开展的备选方案，而不是默认思维，存在不认同、不主动、不谋划的问题。有的工会干部数字知识储备不足，对工会数字化转型发展的规律趋势认识不足、把握不深、理解不到位，不知道、不会干或者不善于从数字化角度思考和谋划工作。有的工会干部在数字化背景下，未能积极主动地把数字化与工会工作融合，对新技术、新模式有一定抵触，畏惧创新、害怕变革，缺乏运用数字化赋能工会的能力，严重落后于数字化时代的要求。

（二）数据思维缺乏

数据作为新型生产要素，是数字化、网络化、智能化的基础。数字化时代，随着数据资源蕴藏的能量不断释放，大数据在经济社会中扮演的角色越来越重要。同样，随着数字化转型的深入，工会领域汇聚的数据资源种类会越来越丰富，数据资源的体量也会越来越大。为适应这一变化，在推进智慧工会的整个过程中，要高度重视数据资源，树立“数据就是生产力”的理念。其中，首先要做的就是培养和加强数据思维，彻底转变“重系统、轻数据”的思维理念。同时，在实践中做到善于获取数据、分析数据、运用数据，最终实现数据驱动的智慧工会。

随着智慧工会发展进入新阶段，数据思维缺乏将会产生多方面影响，并体现在多个方面。其一，利用数据发现、分析和解决问题的意识无法贯穿到日常工作中，没有使收集数据成为日常行为。其二，挖掘数据、分析数据、发布数据的方法不能做到有效运用，没有最终形成用数据说话、用数据决策、用数据管理、用数据创新的理念和实践。其三，职工对工会网上服务的迫切需求无法通过大数据分析敏锐地捕捉到，找不到并有效化解工会数字化转型中存在的难点。这将阻碍工会工作、工会服务模式的持续创新，削弱数字化时代工会治理能力和治理水平的提升。

（三）数据治理能力不高

智慧工会的特征之一就是通过数据驱动，强化服务职工、业务协同、决策参考，实现以数据为基础的工会治理能力现代化。激活工会数据资源的价值，需要提升工会贯穿采集、存储、管理、应用等数据全生命周期的数据治理能力，工会数据治理不仅要通过集约化采集、网络化汇聚掌握各类工会数据资源，还要通过统一化管理、关联化分析，洞见数据背后的知识、规律。工会数据治理能力不高主要体现在以下方面。

其一，数据内容全不全。数据内容的全面性依赖于工会数据资源目录。完整有效、动态更新的工会数据资源目录，特别是对其中关键字段的定义更新，能够将工会职责和业务映射到数据层面，实现“数据职责”的清单化管理。否则，将不利于数据资源的“应采尽采”、“应归尽归”，也不能确保工会数据资源的全面性、准确性、有效性。其二，数据质量高不高。高质量的数据资源是深化数据共享利用、构建协同高效的工会工作体系的基础和关键。工会数字化转型要取得更突出的实效，需要改变以往把数据多少作为关键的粗放式管理，转为重视数据真实性、准确性、完整性的精细化管理。其三，数据应用活性强不强。智慧工会体现的理念，就是最大限度地通过深入挖掘工会数据资源，更有针对性地服务工会工作和职工，这对工会数据资源的充分灵活应用提出更高要求。如果工会数据资源仍是大量静态数据，得不到有效的挖掘利用和动态运转，工会工作的流程优化、服务职工方式的创新等都可能成为“无源之水”，缺少强有力的数据支撑。

二、服务应用亟待创新

工会的基本职责是维护职工合法权益、竭诚服务职工群众。工会网上服务最重要的使用群体就是广大职工。在数字化时代，职工很多时候第一次认识和感知工会，是通过工会网上服务实现。工会网上服务好不好用、易不易用、管不管用、实不实用，直接影响到职工对工会组织的印象，影响到职工对工会组织的认同感和归属感。随着工会数字化转型的深入推进，服务精准性高不高、线上线下是否融合推进、发展是否均衡充分等，都将深刻影响到职工使用体验，需要应对好、解决好。

（一）服务精准性不强

“十四五”时期，我国进入新发展阶段，随着社会的日益进步，职工群众对美好生活的向往日益提升。这既体现为服务需求总量的持续增加，也体现为服务需求的多样化、多元化、多层次，还体现为服务获取实现的精细化。不同于以往偏向从工会能提供什么服务的单向角度出发，新阶段工会数字化转型将更多地从职工角度出发，掌握职工需要什么服务，运用数字化手段解决他们急难愁盼的问题。在智慧工会建设纵深发展的新阶段，工会网上服务将从打通“最后一公里”逐渐向打磨“最后一厘米”迈进。

工会网上服务的精准化是工会数字化转型的应有之义。实现精准的工会网上服务面临多个方面的挑战。一是职工服务需求把握不准。对职工服务需求的精准把握，是提升工会网上服务精准性的关键。如果需求把握不准，工会网上服务供给和需求之间将会出现偏差、失衡的问题，服务的精准性、职工的使用体验都会受到影响。二是数据分析不够深入。实现工会网上服务的精准供给，提升工会网上服务的针对性、有效性，需要运用大数据、云计算、人工智能等信息技术，深入挖掘数据资源，从多个维度形成对职工的精准“画像”。如果缺少这种数据的主动分析、智能分析，就很难精准把握职工需求，也不能有效地动态调整服务内容，从而更好地满足职工需要。三是网上服务不够精细。工会网上服务的精准性不单单指服务内容，还包括服务流程的精密设计、服务过程的精细管理。如果缺少这些方面的共同推进完善，为职工提供精准网上服务就面临困难，职工在工会数字化转型中的获得感、幸福感、安全感就会大打折扣。

（二）线上线下有机融合难

数字化时代，广大职工虽然虚拟生活在网上，但真实生活仍然在网下，智慧工会的开展要同步考虑线上线下两个方面，做到线上和线下的有机融合。特别是在工会数字化转型进入深层次发展阶段后，这将成为智慧工会面临的难点问题。

工会组织要提高对广大职工的吸引力和凝聚力，线上线下服务的有机融合必不可少，但要注意解决好两方面问题。一是避免过度注重线上的片面性。工会数字化转型不仅仅是在网上提供好服务内容，开展好网上服务、网上交流互动，还要注重把网上服务转化为线下服务的实效和质量。如果工会缺少了线下服务的环节，或者线下服务质量不高，会降低职工对工会组织的信任感，同时也会降低工会网上服务对职工的吸引力和黏性。二是避免线上线下的割裂式服务。未来，随着智慧工会的发展，工会网上服务将逐步由基于工作职责的稳定服务，转向更注重需求的动态服务。这要求根据职工服务需求、职工反馈和数据分析，同步调整、完善优化线下服务体系，从而确保线上线下的流畅衔接，避免出现割裂式的服务。要做到这一点，需要不同部门、不同业务之间的协同联动，需要组织架构、业务流程的深度融合。同时，还要充分认识到，线上线下服务的有机融合绝不是某个单一部门的工作职责，或者通过某个单一业务、单一流程的改造升级就能轻易实现，而是需要整体统筹。

（三）发展不平衡不充分

在未来一段时间，虽然智慧工会建设总体上将会处于快速发展期和推进上升期，但是发展不均衡不充分仍将是工会数字化发展过程中的客观问题。智慧工会建设是一个系统工程，也是内外部环境相互作用的过程。其发展水平既受限于工会组织自身，同时也与当地的数字政府、数字经济、数字社会等紧密相关，客观上导致工会数字化转型发展的步调不可能完全一致，对数字化技术运用的深浅程度也会不同。

一方面，工会数字化转型进程不一。由于各地工会自身发展特点和客观环境的不同，有的可能仍处在工会业务、服务和管理的自动化、网络化阶段，通过网络为工会干部和职工提供服务，目的主要是提升工作效率，相关工作更多地停留在数字化的技术层面和工会组织内部。有的则先行先试，从利用数字技术提高工作效率和服务职工的初级阶段，迈向优化创新工作流程、服务模式的后续阶段，在组织架构、体制机制等方面做一些探索尝试，创新服务理念、服务模式。

另一方面，工会数字化转型程度不一。有的工会选择性使用数字技术，没有把新技术创造性地嵌入工会工作的全领域、全过程之中，存在全面运用还是部分运用的问题。有的则将数字技术过度用于工会内部管理之中，甚至有可能产生了“指尖上的形式主义”。但在面向职工服务方面，又出现了服务供给不充分、内容不全面等问题，业务和服务没有达到应上尽上，降低了智慧工会的获得感，削弱了吸引力。

三、运营运维效能亟待提升

智慧工会工作整体可分为建设、运维、运营三个部分。建设是基础，运维是保障，运营是促活。这三个部分的工作在现实中或依次推进，或同步开展，或交叉进行，三者缺一不可、相互影响。

（一）运营可持续难

智慧工会能否长久发展，工会网上服务能否持续地吸引职工、黏住职工，是智慧工会建设面临的一大挑战，而且是必须解决好的重要问题。只有持续性地健康发展，数字化对工会的赋能提升作用才能充分发挥，工会才能走好新时代的网上群众路线，把职工团结起来、凝聚起来。除了在建设阶段打好基础，智慧工会的健康发展关键还在于运营得好不好。如果不注重运营，智慧工会的建设就有可能原地不动，或者先进变后进，甚至在互联网上销声匿迹。

高质量和持续性的运营是智慧工会长久健康发展的保证，受到多个方面的影响。一是“重运营”理念的建立。在工会数字化转型的全过程中，始终要把重视智慧工会运营的理念贯穿其中。如果仅重视工会网上平台的建设，错误地以为把平台建设好就等同于建设好了智慧工会，智慧工会的长久发展就缺少坚实的基础。二是用户思维的树立。做好智慧工会运营，在提供网上服务内容时需要从“我有什么”转向“职工需要什么”。如果缺乏这种用户思维，没有以此为出发点运营工会网上服务，智慧工会就偏离了服务职工的初衷和职责，职工的活跃性和黏性也会不高。三是专业人才的支撑。智慧工会的运营涉及多个方面，既需要懂工会业务和网上服务所需的信息技术，还要了解运营的互联网规律和线下推进的经验做法。这就需要拥有一支涵盖多个领域专业人才的队伍，为智慧工会持续发展提供保障。四是运营资金的持续投入。工会网上服务面向的是几亿职工，服务对象数量庞大，服务诉求多元。此外，工会网上服务平台涉及迭代升级、宣传推广、普惠服务等。如果缺少专门的、连续的资金投入和支持，相关的运营工作将无法开展，影响到智慧工会成效。

（二）运维协作难

随着数字化技术的发展和工会服务水平提升的需要，工会信息化建设将不断迭代、持续完善，信息系统建设会越来越复杂，信息化规模也将越来越大。与此同时，对网络信息化服务的稳定性、实时性、安全性等方面的要求会越来越高，信息化运维服务的工作量和压力也会越来越大。因此，能否建立与之相匹配的运维工作模式，从而确保高水平的运维服务就显得非常重要。

在工会数字化转型的过程中，信息化运维服务工作面临的一大挑战就是根据不同使用群体的需求和反馈，进行系统或产品的敏捷开发完善、快速迭代创新。从具体实践看，要实现这一目标，不管是采用一家运维服务商还是多家，都会存在多多少少的问题。如果运维工作完全依托于某一个服务商，服务质量取决于人，则有可能无法全面掌握运维工作的主动权。如果依靠多家服务商分散运维，则有可能运维参与人员协作性不够，相互间职责划分、责任范围不够清晰，在面对复杂状况协作时效率低下，服务效果难以保障。此外，由于运维信息不对称，网上平台和服务出现问题后，大量的时间容易耗费在人员协调和故障定位上，服务的及时性无法保障。这些都将导致运维无法满足快速迭代创新的智慧工会建设要求，影响工会网上服务质量。

（三）一体化水平不高

智慧工会具有很强的系统性、整体性、协同性。在建设、运维、运营三个不同的领域，需要引入多方力量和多方资源，共同参与推进工会数字化转型。如果不是一体化推进，无论三个领域的哪一块落后或偏弱，都会成为影响智慧工会建设成效的掣肘。

当前，实现智慧工会建运一体化发展还面临几个方面的障碍。一是协同推进不够。建运一体化意味着各参与方要形成一个有机结合的整体，多方协同、共同发力。各方处在建设、运维、运营三个不同的领域，很容易只考虑当前各自负责的工作内容，而没有充分考虑与另外两个领域的衔接配合。三者之间缺少联动循环，可能会给后续合力打造高质量的智慧工会带来难度。二是缺少强有力的总体统筹。由于智慧工会建设、运维、运营的天然割裂性，因此要把这种割裂带来的不良影响降到最小。这需要有强有力的总体统筹，一体化推进工作机制。否则，一方面无法打破不同领域间的边界与壁垒，做不到职责清晰。另一方面又无法围绕业务、服务的创新完善，协作推进、高效协同。三是建运循环不畅。建运一体化意味着以优质的建设、运维为开展工会网上服务提供保障。同时，通过运营工会网上服务，吸引职工使用，积累和分析数据资源，反向提升建设和运维，在三者之间形成动态的良性循环、螺旋上升。三个环节之间若出现梗阻、循环不畅，就很难构建起开放整合的智慧工会创新发展生态。

四、体制标准亟待完善

数字技术与体制机制的双向赋能是智慧工会建设的重要保障。健全良好的体制机制和标准规范能够为智慧工会的长久发展保驾护航，为顺利推进工会数字化转型奠定基础。

（一）组织结构不够扁平化

在数字化时代，数字化转型对传统的组织结构、管理模式等都产生了深刻的影响。智慧工会不仅仅是技术加成，更是系统性的全方位变革，是工会适应数字化时代、运用数字技术而自觉进行的革命。如果缺少自我革命的精神，就不可能从根本上实现工会数字化转型，就无法适应时代要求、满足职工需要，无法实现工会自身的改革创新。特别是在服务职工方面，智慧工会面临的问题之一就是根据网上职工服务场景的需要，调整原有管理服务流程，划分原有的职能边界，优化组织架构设计甚至再造。从这个层面看，无论是从适应数字化发展要求出发，还是从智慧工会的实现路径出发，都需要技术运用、组织机构变革的“双轮驱动”。

工会数字化转型的目标是实现跨层级、跨地域、跨产业、跨部门协同，这需要工会组织具备快速应变的能力，对外部环境变化作出及时、高效、快速的反应。但在传统组织架构下，典型特点就是条块分割下的分工合作，采用线性的、层级的信息传递方式和运行方式，工作效率和服务效率的提升受到较大限制。显而易见，这与工会数字化高效、快速的要求不相符。相较之下，扁平化的组织架构和管理模式以使用需求、应用场景为导向。它打破组织壁垒，减少烦琐的信息传递中间层次和环节，通过上下联动、密切协作，对迅速变化的情况作出正确、及时而有效的反应，快速推进各项任务目标的实现。所以，在未来发展中，能否适应工会数字化转型要求，建立起足够扁平的体系架构，将会是智慧工会面临的挑战之一。

（二）横向协同不够顺畅

以往的工会信息化建设为今天的智慧工会奠定了基础，但囿于历史等原因，也产生了新时期工会数字化转型需要突破的藩篱。比如，在过去的信息化发展过程中，基于当时的状况和需求，工会业务部门建设了一些业务系统和网上平台，在有力推进了业务工作和服务职工的同时，也产生了条块分割、信息“孤岛”等问题，天然地割裂了工作和服务的流畅性、协同度。随着智慧工会的深化发展，跨层级、跨地域、跨产业、跨部门的网上工作协同将成为提升工会网上服务水平的重要支撑。其背后逻辑就意味着要打破壁垒，对内共享、对外开放，意味着横向协同、开放合作要顺畅，从而提高协作效率，增强服务整体协同。

横向协同既包括工会内部不同部门、业务、区域之间，也包括工会系统与外部之间。就工会内部，协同开放的智慧工会需要各业务部门、各地工会摆脱利益束缚，将掌握在自己手里的数据资源开放共享，还需要各地在职工会员转会等业务之间做到相互配合、无缝衔接。如果无法做到这些，将会很难消除工会业务和工会服务中的碎片化、割裂化、交叉化问题，更遑论工会组织内部的协同。就工会系统与外部而言，满足职工需要涉及很多方面，服务好职工需要做好与人社、公安、民政等系统的协同，比如相关数据的横向联通、实时共享等。随着智慧工会的纵深推进，将会要求工会系统与外部系统之间实现更为紧密深入的横向联动。智慧工会突破跨系统之间存在的限制或障碍，将是未来不得不面临的问题。

（三）标准体系亟须构建

标准规范是智慧工会各项工作标准化的顶层设计，可以为智慧工会建设发挥支撑性、引领性作用。与其他的工会业务领域相比，智慧工会是一项具有创新性、探索性的工作，在很多方面都是第一次尝试和摸索，标准规范基本都是全新制定。所以相较之下，智慧工会一系列标准规范的建立健全更为迫切，也更具有挑战性。

首先，智慧工会具有很强的技术性。大数据、区块链、人工智能、元宇宙等信息技术的发展日新月异，工会网上服务应用持续地迭代更新，未来的发展会有很多不确定性。智慧工会的相关标准规范既要立足当下、解决现实需求，也要预判未来的新情况、新问题，现实性和前瞻性都要充分体现。其次，智慧工会具有数据驱动、多方协同的典型特点。这给标准体系的构建带来较大难度，不仅要考虑到不同的业务范围、适用层次、约束维度，还要科学先进、层次分明、管用实用。标准体系本身至少要包括数字基础设施标准、数据标准、应用开发标准、建设与管理标准、网上服务标准、安全与保障标准等，具有一定的复杂性。在众多的标准规范中，还要重点关注和突破未来工会数字化转型的关键领域，比如工会数据资源的建设标准、共享开放标准、资产管理应用标准、安全标准等。总之，对未有标准规范的建立，对已有标准规范的健全，决定了能否以标准先行推动未来智慧工会，取得突破性跨越性发展。

第三节　统筹集约推进工会网上工作

一、“一盘棋”整体推进

（一）提升数字素养

随着大数据、云计算、人工智能、区块链等数字技术的快速发展，数字经济时代来临，对全民数字素养提出了更高的要求。近年来，党中央、国务院高度重视我国公民数字素养与技能提升问题。习近平总书记在中共中央政治局第三十四次集体学习时指出，要提高全民全社会数字素养和技能，夯实我国数字经济发展社会基础。《中华人民共和国国民经济和社会发展第十四个五年规划和2035年远景目标纲要》强调，加强全民数字技能教育与培训，普及提升公民数字素养。2021年11月，中央网络安全和信息化委员会正式发布的《提升全民数字素养与行动技能纲要》提出，提升领导干部和公务员数字治理能力。加大领导干部和公务员信息化培训力度，丰富数字经济、数字社会、数字政府等领域线上培训资源，把提高党员领导干部数字治理能力作为各级党校（行政学院）的重要教学培训内容。引导领导干部和公务员运用网络了解民意、开展工作，提升学网、懂网、用网的能力。在公务员选拔任用中，加强数字能力方面的考察。2022 年 3 月，中央网信办、教育部、工业和信息化部、人力资源和社会保障部联合印发的《2022 年提升全民数字素养与技能工作要点》指出，提升领导干部和公务员学网、懂网、用网能力。这些充分表明，培养具有数字化生产能力、服务能力、治理能力的数字公民，将进一步促进全民共建共享数字化发展成果，更好适应数字化时代发展潮流，积极迈向数字文明新时代。

随着数字技术的普及应用，数字化工会建设已是大势所趋，工会面向职工群众的服务需要借助数字技术、数字平台才能不断提高服务的精准度，提升职工群众的获得感、幸福感、安全感。广大工会干部队伍是建设数字工会的责任主体和关键力量，工会干部只有不断提升自身数字素养，强化数字应用能力，持续增强以数字化思维和数字化手段开展多元化服务的新本领，才能适应数字化时代信息化治理能力的新要求，提高职工群众的满意度，完成数字化时代所赋予的责任使命。

1. 加强宣传教育，提升数字素养。

立足当前工会干部数字素养宣传的资源和条件，结合工会干部数字素养宣传教育的目标，创新与拓展新的有效的宣传教育方式和手段，构建起立体多元的宣传教育体系，创新数字宣传方式方法。在充分利用各类门户网站的基础上，大力依托互联网，充分发挥数字化信息技术的特点和优势，通过手机、楼宇电视、公交移动电视以及电子显示屏等开展宣传教育活动，建立互联互通的融媒体矩阵，打造工会宣传教育阵地。采取线下参观学习或举办现场会、线上数字主题论坛活动、现场数字技能大赛活动等方式，策划数字素养宣传活动进企业、进社区、进家庭活动等有关数字素养的宣传，吸引工会干部的关注和参与，营造数字素养与技能提升的浓厚氛围。

2. 组织专项培训，增强数字技能。

要把提高工会干部数字治理能力作为工会干部教育培训体系的重要教学内容，充分利用网上培训平台，整合数字政府、数字社会、数字经济等领域及大数据、云计算、人工智能、区块链等相关技术的线上培训资源，面向全国各级工会干校的系统业务需求，提供相关课程和资源，对工会干部进行全面系统深入的数字知识学习和技能训练，提升统筹运用数字化技术、数字化思维、数字化认知的能力，把数字化、一体化、现代化的理念贯穿到推进工会各项工作的全过程各方面。开展数字素养与技能理论研究，深入调研不同层级、不同行业工会干部数字素养的现状，摸清存在的盲点、误区，通过研究编制“数字素养与技能培训大纲”，以实训教学基地为平台，形成完善的培训体系，及时开发数字素养系列课程，增强各级工会干部的数据化意识和专业认识，全面提升学网、懂网、用网的能力。

3. 加强评价考核，强化数字学习。

探索建立工会干部数字素养与技能发展评价指标体系，定期开展数字素养与技能发展监测调查和评估评价活动，以评促学、以评促用，不断促进工会干部数字素养的提升和发展。强化以实践应用能力为核心的数字素养实践考核机制，针对工会干部用数据说话、用数据决策、用数据管理、用数据创新的现状，全方位检查工会干部对互联网规律的把握、对网络舆论的引导、对信息化发展的驾驭、对网络安全的保障、对业务数字化的实践情况。创新工会领导干部考核选拔机制，将具备较高数字素养和复合型知识的人才充实到工会系统的一线队伍中，为组织、指导、参与工会数字化转型储备专业人才。对敢于创新、善于运用数据和信息化技术手段且成效显著的领导干部要大胆使用、选树典型。建立数字开发、管理及应用的奖励机制，鼓励各地工会领导干部跨部门开展创新实践，将好的做法及时提炼总结，形成可推广、可复制的经验，并将相关成果纳入该机制，激发工会干部推动工会信息化管理和治理数字化的积极性。

（二）统筹发展和特色发展并行

坚持全国工会系统“一盘棋”统筹考虑，实现一体化建设与均衡化发展，秉持“全国一体、统分结合、系统集成、协同贯通”的思路，打造数字工会建设的整体联动体系，确保工会网上工作全面协调可持续健康发展。

全国总工会对全国工会网上工作进行指导和统筹，需要掌握几个原则：一是统筹各层级、各部门需求，充分考虑各方诉求落地性，依此拟订顶层设计方案，分层分步规划新建、整合淘汰或迭代升级。各部门作为参建单位，科学论证自身业务应用价值，通过融合视角审视改革，提出业务场景和应用需求，从以部门需求为主的信息系统建设转变为重点聚焦跨层级跨部门应用平台与一体化工会服务体系建设，避免重复投资。建强综合能力平台，如数据中台、业务中台；完善资源共享机制，让各部门尤其是基层单位真正能够用上数据、用活数据。还应加强主要领导挂帅，形成全国总工会各产业、各部门、各直属单位定期沟通协调机制，定期组织相关单位召开工作调度会决议重大事项，关注项目进度和应用场景，真正做到部门拉通、业务打通、数据互通。二是全国总工会要为各级工会提供顶层设计，做好统一规划、统一标准、统一接口、统一标识等统一全国工会系统数字平台建设标准的工作，督促数字化升级、业务和数据互通等工作。全国总工会支持和鼓励有条件、有能力、有意愿的省级工会作出特色服务项目，为全国职工提供专项服务，这样就可以放大地方工会的资源力量，工会普惠性服务将会百花齐放、万紫千红，形成工会互联网生态大环境大氛围。

（三）培养既懂业务又精技术的复合型人才队伍

中国信息通信研究院的《中国数字经济发展报告（2022年）》显示，2021年中国数字经济规模达到45.5万亿元，占GDP的39.8%，数字经济的地位和作用越发凸显。而人才是数字经济发展的核心驱动力，数字产业化和产业数字化的发展，急需一大批适应数字经济发展、具备数字化知识结构和数字化动手能力的人才。习近平总书记提出，善于获取数据、分析数据、运用数据，是领导干部做好工作的基本功。各级领导干部要具备互联网、大数据思维，懂得数据，用好数据，增强利用数据推进各项工作的本领，不断提高对数据发展规律的把握能力，使数据在各项工作中发挥更大作用。

近年来，工会信息化建设进入爆发式发展阶段，工会数字化转型迫在眉睫，工会信息化、数字化建设的发展需要既懂工会业务又懂信息化技术的复合型人才，人才是工会数字化转型的“第一生产力”，因此，培养造就一支数字意识强、数字素养高，善用数据、善治网络的工会干部队伍是重中之重。

一是加强大数据培训。把大数据纳入各级工会党组理论学习中心组学习内容，全国总工会组织各级工会大力开展大数据专题培训。将数字化转型知识列入全国各级工会干部和各级党政机关工作人员学习培训内容，建立普及性与针对性相结合的培训机制，提升干部队伍数字思维、数字技能和数字素养，进一步增强工会干部数字意识，提高学网、懂网和用网水平。

二是强化人才支撑保障。建立健全数字化人才鼓励政策，创新人才培养支持机制，建立市场导向的人才引进、认定和使用机制。畅通干部人才选任渠道，丰富选拔方式，培养一支懂管理、懂业务、懂技术的复合型干部队伍。完善数字工会建设人才培养、引进和使用机制，优化人才评价与晋升机制，拓宽人才发展渠道，完善信息化领域行政和事业单位人员薪酬制度。全面落实信息化专员制度，培养既精通业务又能运用信息技术开展工作的综合型人才，做好各级工会各部门的数字化转型工作。

三是提升实践应用能力。工会干部应提升学习大数据、云计算、人工智能、区块链等新技术和强化数据开放、数据共享等技能的意识，努力增强自身数字化知识的广度和深度，夯实主动运用数字化工具、方法应对数字化转型过程中的业务问题的能力，主动利用大数据和数字化手段进行科学决策、精准施策，变被动接受为主动吸收，进一步加速自身数字素养提升的质量和速度。

二、加强数据应用

党的十九届四中全会审议通过的《中共中央关于坚持和完善中国特色社会主义制度、推进国家治理体系和治理能力现代化若干重大问题的决定》提出，建立健全运用互联网、大数据、人工智能等技术手段进行行政管理的制度规则，推进数字政府建设。2020 年 3 月，中共中央、国务院印发的《关于构建更加完善的要素市场化配置体制机制的意见》提出，加快培育数据要素市场。2021 年 3 月，《中华人民共和国国民经济和社会发展第十四个五年规划和 2035 年远景目标纲要》提出，加强公共数据开放共享，推动政务信息化共建共用，提高数字化政务服务效能。2021 年 10 月，全国总工会印发的《全国工会网络安全和信息化“十四五”规划（2021—2025 年）》提出，以数字驱动为核心引领，深入推进工会治理数字化、服务智能化协同发展，构建“大数据+”工会治理能力提升体系、“互联网+”工会服务应用创新体系、“云计算+”工会网信基础支撑体系，形成“一个引领、两化协同、三大体系”的发展格局，建设全国工会逻辑统一的大数据系统和服务平台，实现全国智慧工会建设“一张网”。加强数据应用，有利于提升工会数据治理能力，解决数据孤岛、资源孤岛、信息孤岛问题，实现纵向工会各个层级、横向与政府职能部门之间的数据立体多元的交互、共享与互通，真正做到与国家基础数据库资源共享和标准衔接。

（一）建设数据开放共享体系

1. 应接尽接，全面汇聚数据资源。

将分散的数据汇聚、整合和归集，形成一体化的数据体系，是实现共享、流动、开放和利用的基础，是实现数据价值和作用最大化的基本要求。工会要以职工需求为导向，以业务应用为核心，以数据融合为支撑，在确保数据“一数一源一标准”，数据归集“应归尽归”的前提下，建立集工会信息化基础设施设备、业务系统运行状态数据、服务平台实时数据等资源于一体的数据资源中心和数据交换共享中心。

2. 共建共享，有效推进数据互联互通。

全面梳理工会数据资源目录，建立统一的数据标准，优化工会基础数据库、专题数据库、特色数据库，以“共享为常态、不共享为例外”的原则，充分对接国家共享交换平台，横向实现与政府职能部门数据共享交换，纵向与省总工会、市总工会、区（县）总工会、基层工会数据共享汇聚，为全国总工会监管提供数据资源保障，为职工会员提供精准多元的服务，真正实现数据的融合共享，提升工会系统数据的信息服务能力，加快构建标准统一、管理协同、安全可靠的全国工会一体化大数据体系。

3. 开发利用，不断加强数据管理。

数据的开发利用是工会数字生态的核心，要释放工会数据的经济价值和社会价值，激发市场活力和社会创造力，加大各级工会公开和提供数据的力度，有序推动工会数据开发利用，实现数据跨地区、跨部门、跨层级共享共用，提升数据资源使用效益。加强对工会数据的统筹管理，及时对数据进行校核确认、动态更新，保障数据的准确性、完整性、时效性和可用性。强化业务部门数据管理职责，明确数据归集、共享、开放、应用、安全、存储、归档等责任，全面提升数据共享服务、资源汇聚、安全保障等一体化水平。

（二）增强数据挖掘应用

《全国工会网络安全和信息化“十四五”规划（2021—2025年）》提出，建设大数据分析研判系统，大力提高就业服务、技能培训、帮扶服务、法律服务、文化服务等重点业务数据挖掘分析能力，强化对工会业务的动态跟踪，实现研判精细化、决策科学化、执行可视化。建立健全大数据辅助科学决策和社会治理的常态化机制，聚焦职工思想、就业、帮扶、诉求等方面，提升宏观决策支撑能力。当前，全国总工会已建立了全国工会实名数据库和工会组织数据库，数据库系统可以高效地实现数据录入、查询和统计的功能，但是无法发现数据中存在的关系和规律，不能根据现有的数据预测未来发展的趋势。因此，需要通过数据挖掘技术对数据库中大量业务数据、用户数据、行为数据进行抽取、转化、分析和其他无形化的处理，从中汲取辅助决策的关键数据，为全国工会系统提供决策支持和参考。

1. 提升工会应对各类突发事件的响应能力。

将数据挖掘技术贯穿于工会突发事件的事前、事发、事中、事后全过程，力争做到风险识别科学准确、预警预报迅速高效、响应处置及时有序。利用数据挖掘工具，对以往发生的群体突发事件、安全生产事件、劳动争议事件等的历史数据进行挖掘和综合分析，从中提取、归类、总结相关经验教训，制定今后应对突发事件的处置预案，避免今后类似事件不断重演，提高工会快速响应的能力。

2. 提高工会服务职工群众的能力。

利用数据挖掘可以快速、精准、全面地收集职工群众真正感兴趣的服务项目，通过分析平台评价数据，精准地感知职工群众对工会服务平台的满意度，分析各地区、各行业、各年龄段的职工对工会服务需求的变化趋势，实现线上线下供需的精准匹配，为职工群众提供更多贴心的、有温度的、有品质的服务，从而达到精准服务群众的效果。

3. 创新工会治理的能力水平。

随着工会信息化水平的不断提升，业务部门积累了大量的业务数据，工会绩效评估将越来越依靠“数据”，一个以数据挖掘为手段，倒逼工会治理能力提升、重塑业务流程的态势正在形成。通过数据挖掘技术对工会平台产生的海量数据进行开采、挖掘和分析，可以对工会整体情况掌握得更全面。各业务系统的数据打通后，决策时获得的信息、分析的广度和深度将前所未有，决策的科学性和有效性将大幅提升，工会资源的调配决策将进一步优化。

（三）做好数据分级分类管理

《网络数据安全管理条例（征求意见稿）》中提到，国家建立数据分类分级保护制度。按照数据对国家安全、公共利益或者个人、组织合法权益的影响和重要程度，将数据分为一般数据、重要数据、核心数据，不同级别的数据采取不同的保护措施。政务类数据的开放在大数据平台的构建过程中是必不可少的要素，但同时会带来各种安全性问题。在数据开放之前，需要对各类政务数据的安全性进行评级，保证涉及国家安全机密等数据能得到有效的控制，避免威胁到国家安全或公民个人隐私。工会数据也应该按照国家要求，做好数据分级分类管理。

通过分级分类，一是可以明确其所拥有数据的具体位置、敏感程度、相关人员及管理权限等信息，能够帮助工会更好地了解和管理自身数据。二是可以根据数据的不同类别和情况，采取不同的手段（如数据加密、权限管理、访问控制等）对数据实施有效防护。三是可以对数据资产实施合理有效的管理。分级分类的数据授权机制是实现数据共享的基础，是实现数据有效管理的关键，应根据工会数据敏感程度的高低制定分级授权机制，根据工会数据使用场景的差异化制定分类授权机制。通过分级分类的数据授权机制，可以在保证工会数据安全的前提下，一方面推动工会数据在不同政府部门、不同行政区域的流动，赋能数字工会“数治”和“数智”的能力；另一方面向各级工会系统共享工会数据，便于分析研判和决策参考。

三、统筹资源力量

（一）推进工会组织间互联互通

《中共中央关于加强和改进党的群团工作的意见》指出，群团组织要提高网上群众工作水平。多年来，全国各级工会在网络信息化建设方面做了大量工作，取得显著成绩，网上工作统筹规划不断加强，网上思想政治引领持续强化，网上平台建设实效逐渐显现，信息基础设施建设稳步推进，网上服务职工内容不断丰富，工会网上工作机制不断完善，有效服务了职工群众，有力支持了工会事业发展。与此同时，当前工会网上工作仍存在一些问题，如体制机制建设仍有待完善，数据资源的准确性、时效性还存在较大的差距，数据共享和应用能力不足，标准规范体系亟须构建，运维运营方式仍需创新。

党的十八大以来，我国高度重视数字经济的发展，数字政府建设步入快车道，中央和地方各级政府部门积极探索数字政府的建设方式。近年来，随着智慧工会的不断发展，数字工会成为整个经济社会的数字化、智能化过程中不可或缺的一环，要以智慧工会为核心，充分利用好工会系统的数据资源，统筹安全与发展推动数据共享，充分调动好各级工会的资源，集合社会各级力量做好数字共治，最终共同推动数字工会的建设。相信随着工会组织数字化发展的进一步深化，工会各项工作本领的不断增强，届时将真正打通服务职工会员的“最后一公里”。

一是工会数字化平台建设应实行统一、集中、整合建设。推进数字工会建设要求实现资源整合、避免重复建设，坚持大平台、大系统、大数据的建设思路，加强跨部门共建共用共享。各级工会应减少以部门为单位，或在部门内以功能分工为单位，形成分隔式的多系统、多平台、多单位建设，已建设的系统应实行必要的归并、汇集和强化升级，形成“一片云、一张网”，集约化构建统一基础支撑平台，实现网络、算力、算法、数据、共性应用、微服务等资源共建共享，支撑各级工会快速灵活地调用资源，从而降低各个单位利用各类资源的门槛和成本，有效避免多头重复建设。

二是打造数字工会建设的跨层级联动体系。注重“全国总工会—省总工会—市总工会—区（县）总工会—基层工会”的五级跨层级联动，尤其是注重省市数字工会的统筹建设与集约创新。重点围绕工会职能领域开展业务统筹，加强省、市总工会与省、市政府大数据中心、云平台数据的对接，逐步推动工会汇聚的各类政务数据的真实性、准确性、唯一性。探索“省市联建”试点模式，各市总工会在优势领域先行先试，与省级工会主动对接，全国总工会与省级工会实施互通数据，达到跨层级、跨地域、跨产业、跨部门的网上工作协同效能。

三是建立权责明晰的工会职责体系。厘清全国总工会与省级工会之间的关系，省级工会与市、区（县）总工会和基层工会之间的关系，省级工会与各省大数据局之间的关系，以各主体任务清单明确职责边界。加强协作共建，正确处理好规划统筹与因地制宜、基础一致与应用多元、标准统一与厂商多元、共性通用与个性定制的关系，做到基础资源集约化、技术应用标准化、项目建设模块化，健全完善与数字化发展相适应的工会职责体系。

（二）运用政府、市场等外部力量

创建合作共赢生态圈，探索工会与政府、企业的良性合作机制，发挥政府统筹协调与业务融合作用，充分结合企业在前沿理念、资金投入、先进技术等方面的优势，降低建设运营成本。同时，明确各方权责与行动边界，通过制度化的方式明确企业在需求对接、顶层设计、系统建设、数据治理、运营运维以及标准制定等领域的责任，确保工会获得更为专业高效的信息化产品与服务。

（三）健全制度规范标准

完备的治理机制和制度规范是推进数字工会跨界创新的重要保障，应建立健全有关数字工会建设运营的法律法规、基础制度与标准规范，使其有法可依、有据可循，确保创新举措可复制、可推广、可持续。

一是建立健全基础制度。研究更加适应工会数字治理的基础方案，建立适应跨界创新要求的管理制度，制定出台“工会云”建设、数据共享、数据安全等方面的管理办法和规章制度。根据信息技术迭代的特点更新项目审批管理制度，加快项目立项审批进度。构建部门间协同的信息化建设财政预算制度，设立专项资金用以跨部门综合性应用开发，避免重复性投资建设。从跨地区、跨层级信息化项目实际建设需求出发，打破分级财政限制，建立灵活集约的预算方式。

二是制定出台标准规范。成立数字工会标准化技术委员会，完善标准化工作机制，制定数字工会建设的标准化体系，如统一的基础建设、权责事项、数据治理、运营运维、监管考评、应用市场交易、网络安全等重点领域的标准修订，做好工会系统标准认证的同时积极向上推动形成国家标准。加快工会服务标准化建设，场景化、精细化编制办事指南。制定各级工会服务事项统一标准，建立覆盖工会服务全流程各环节的技术标准与管理规范。

三是健全评估考核制度。制定科学的项目绩效评价指标体系，实现项目经费与绩效评价挂钩，建立项目退出机制，提升信息化项目全生命周期管理水平。构建系统科学、多维度、可操作的工会数字化转型全流程管理体系，健全数字工会服务能力评估机制，引入第三方机构定期开展评估。强化评估结果应用，完善问责制度和激励机制，推动各级工会和全国总工会各业务部门主动发现问题、解决问题，将各项工作落实到位，形成以评促建、以评促优的良性推进机制。

思考题：

1. 如何加快推进智慧工会建设？
2. 怎样构建全媒体传播体系？
3. 如何提升工会数据治理能力？
4. 数据共享开放存在的问题有哪些？
5. 运用政府、市场等外部力量存在哪些风险？

第七章　工会网上工作实践

| 案例一　线上学习 |

“学习强会”积极打造全国工会知识服务平台

为贯彻落实习近平总书记关于建设学习大国重要指示精神，依照《干部教育培训工作条例》和《中国工运事业和工会工作“十四五”发展规划》的要求，中国工人出版社深入调研和广泛征求各级工会干部的意见建议，积极探索“智慧工会+出版”新型融合发展业态，充分发掘工会出版74年积累的内容资源，努力为建设学习型工会组织提供全方位的互联网知识服务。2021年8月26日，时任全国总工会党组书记、副主席、书记处第一书记陈刚启动“学习强会——全国工会知识服务平台”上线运行，截至目前注册用户达260万余人。

全国800多万名专兼职工会干部，基层工会干部占到88%，如何通过便捷有效的学习，建设一支高素质专业化的干部队伍，成为各级工会面临的紧迫课题。放眼互联网时代，各类学习平台层出不穷，但工会工作的政治性、专业性，决定了能够满足工会干部学习需求的平台却全网难求。

“学习强会”面向工会干部日常学习中的焦点、难点、痛点问题，设置“知”、“学”、“考”、“用”四大板块，以知识体系化、资源数据化、业务专题化、练兵专业化，确保做到随时可查，随时可学，随时可用，充分满足全国800多万名专兼职工会干部对权威性、专业性、全面性工会知识学习的需求。“学习强会”立足打造体系化、专业化和智能化的智慧工会学习平台，集中梳理工运和工会工作知识内容，全部进行数字转化，初步形成了思想政治、工会工作、工运历史、劳动关系、综合素质共5个一级门类和30多个二级门类的工会知识体系，重点针对工运历史和工会中心工作制作了300余门工会精品课程，把25年的《中国工会年鉴》和全国总工会统一组织编写的工会干部教材加工成为3万余条知识条目，同时组织编写5000余道工会专业题目，提供给全国工会干部在线检索使用和线上岗位练兵。

以“知”为领，突出工会话语体系。设立全国工会干部党史学习教育、学习贯彻习近平总书记关于工人阶级和工会工作的重要论述等专题学习平台，引领广大工会干部提升政治判断力、领悟力、执行力。

以“学”为纲，构建工会知识框架。紧扣工会重点工作，联动各级工会共建共享“新就业形态劳动者权益维护”等系列精品课程，并结合岗位知识图谱和技能画像，搭建工会知识体系化学习平台。

以“考”为进，巩固在线学习成果。根据工会工作业务板块及素质能力要求，开发专业题库，开设答题闯关、专项测验、在线考试等多种学习形式，打造全国工会干部“提素质、强本领”练兵平台。

以“用”为强，打造工会工作云助手。由数千万字内容资源数字转化成的3万余条工会知识条目，形成6大数字资源库，及百余种工作模板，供工会干部精准检索使用。

自上线以来，“学习强会”在全国总工会指导下，通过“云直播”、“云观摩”、“云课堂”、“云专区”、“云轮训”、“云闯关”、“云竞赛”、“云题库”等活动丰富线上学习方式，积极服务工会重点工作，努力增强工会干部进行在线学习、练兵、应用的主动性和参与性，获得各级工会的广泛支持和响应。一是聚合内容专题实时呈现工会热点，开设了学习贯彻习近平总书记关于工人阶级和工会工作的重要论述、全国工会学习宣传贯彻习近平总书记致首届大国工匠创新交流大会贺信精神、全国总工会机关干部赴基层蹲点档案等专题。二是直播形式权威宣传工会重点工作，与全国总工会研究室、法律工作部推出中国工会“十四五”规划、《中华人民共和国工会法》修改情况介绍及首次线上解读，并联合中华全国铁路总工会举办党史学习教育体验直播课，打卡长辛店劳动补习学校，吸引15万人次“云游”。三是答题活动激活在线学习参与兴趣，与全国总工会女职工部组织开展“情系女职工 法在你身边”线上知识竞赛，吸引3000万人次参与，与全国总工会基层工作部开展《职工代表大会操作指引》答题闯关活动，超130万名工会干部和职工代表在线领取通关证书。四是组织示范性工会开设网络班线上练兵，与中国民航工会全国委员会共同开展全系统基层工会干部轮训，协助中华全国铁路总工会开设全国铁路基层工会主席任职培训班，及开设其他省市、企业工会线上专题学习班，全年参加学习人数2万多人。

案例二　统分结合

推进广东“全域智慧工会”建设

顺应智慧工会发展趋势，广东省总工会按照全国总工会网上工会建设统一部署，于2018年启动粤工惠平台建设，探索出一条“省总统筹、分级运营，二次开发、营造生态”的广东

“全域智慧工会”发展模式。平台于2019年10月上线运行，遵循“连接资源、赋能基层、服务会员”的宗旨，以“小步快跑，更新迭代”的方式，持续进行升级，并逐步探索专业化运营，对传统工会业务进行流程再造，数字化赋能，创新推动工会工作线上线下相融合，助力广东工会工作高质量发展。截至2022年9月8日，粤工惠平台上已登记工会组织达到13.13万家，会员总数1453.8万人，实名认证会员达到880.2万人。自2022年5月粤工惠平台迭代、粤工惠小程序上线以来，平台累计访问量达6000万次，其中粤工惠小程序访问量4916.61万次、累计用户数达276.68万人，2022年6月至9月日均访问人数8.09万人。粤工惠平台已逐渐成为全省职工爱用、常用、惯用的掌上智慧工会平台。

注重底层架构，统筹建设全省统一的粤工惠平台。粤工惠平台建设之初，广东省总工会遵循“合理规划、集约建设”的设计原则，明确智慧工会建设不为“一市一地”所局限，不因“一事一项”造轮子，要求尚未开始智慧工会建设的地市工会暂停推进这项工作，由省总工会统筹建设，提供全省统一的平台基础。在平台建设过程中，一是采用先进技术筑牢平台基础。借鉴商业平台的用户思维、用户体验，运用先进理念和技术，建设架构先进、底层统一、多端适配、数据驱动、大数据赋能的云原生数字化服务平台，实现软件系统统一部署，用户身份统一验证，基础数据统一管理，信息跨平台流动无障碍，确保系统扩展性好、安全性和可靠性高；叠加工会组织的系统资源、政策资源，集管理、服务、互动功能于一体，通用和特色功能相结合，业务SaaS化微服务化，可为各级工会所用，终端触达职工会员，提供精准、便捷、普惠的服务，实现工会业务线上办理、职工服务线上开展、工会活动线上组织。二是着力构建动态管理的基础数据库。粤工惠平台基于工会组织架构，由上至下建设结构清晰、动态管理的工会组织数据库，实现工会组织全生命周期管理，包括工会组织登记、注销、合并、更名，工会搬迁后更换上级工会等，实时掌握全省工会组织情况。采用“双向实名认证”方式建设工会会员数据库，实现会员结构化管理和动态化管理。对工会组织数据和会员数据定期进行调研摸底及数据清洗，确保数据可信、可用、可管，夯实精益服务的数据基础，实现各级工会共用“一张数据网”，工会组织和会员数据“一次采集、多方使用、共建共享”。三是适应发展强化迭代升级。为保证平台的可用性、易用性和先进性，省总工会实施建设、运营统一协调管理，重视平台迭代升级，平台运营中心从满足安全运营、精益服务和生态共建等需求和角度，对业务需求及流程进行优化，挖掘需求、制定标准并组织验收，实现敏捷开发、持续交付和应用运营的顺畅衔接。

多维度赋能，各级工会依托粤工惠平台开展运营。在解决“统分结合”问题的基础上，粤工惠平台按照工会组织分级赋能机制和多维用户权限机制，按用户身份标签、组织范围等分级分类控制用户访问权限，赋予各级工会（包括基层工会）组织数据管理、业务管理、应用创新的能力，使其可以自主管理数据和业务；能够针对特定用户身份、特定工会组织、特定名单用户设置活动参与权限，最大化满足平台个性化运营需求；能够进行深度分析，创新普惠服务形式，确保业务服务的灵活性、安全性，让各级工会基于平台，把“我想做”变成“我能做”，共同开展职工会员普惠服务。建立社会化赋能机制，突破“工会有限资源和会员巨大服务群体的矛盾”，由省总工会统一建设 SaaS 化的“工会应用超市”，各级工会和其他互联网企业开发的应用经程序审核后能上架“应用超市”，其他工会可按规范流程免费或者有偿使用“超市”中的应用，避免重复开发的浪费。2022 年 5 月粤工惠版本更新，上线包括抽奖、问卷、答题、投票、报名等活动应用模块，全省各级工会组织特别是县（区）、镇街、基层工会等各级工会组织纷纷使用这些模块开展线上普惠活动。截至2022年9月13日，共有331家工会使用新版粤工惠平台开展2618场活动，访问人数超过143.06万人，参与人数22.38万人。

提供标准接口，支持各级工会基于实际需要“二次开发”。粤工惠平台兼顾不同层级工会的不同需求，打造标准接口、制定标准规范，让各级工会可基于粤工惠平台架构逻辑，根据实际需求进行“二次开发”，建设子平台或开发特色服务功能，同时把子平台重要数据按照标准要求回传至总平台，形成“总平台+子平台”体系和“通用功能+特色功能”体系，实现“基础数据沉淀于总平台，业务数据留存于子平台”，推进有地方特色的工会网络生态建设。东莞市总工会是广东首个引进专业运营服务团队进行粤工惠本地化运营和“二次开发”的地市工会，平台实名认证会员数首先突破132万人，基于平台开展的工会活动和福利在会员中产生较大影响；湛江市总工会引进服务商开展“粤工惠湛江号”的“二次开发”和运营，基于粤工惠打造地方特色智慧工会；佛山市总工会分别建立粤工惠运营及“二次开发”团队，全面开启佛山智慧工会建设及运营工作，着力打造地市智慧工会标杆。一些县区、镇街工会也在按照统一的接口标准共同推进这项工作，共同繁荣全省工会平台网络生态。

案例三　区块链应用

区块链技术驱动四川工会走好网上群众路线

2018年以来，四川省总工会将网上工会建设作为四川工会深入贯彻落实习近平总书记关于工人阶级和工会工作的重要论述的重要抓手，特别是在中共中央政治局第十八次集体学习后，省总工会通过充分调研、仔细研究，引入由电子科技大学知名教授领衔的首席专家团队提供全过程专业技术咨询，在全国工会系统首家采用区块链技术，打造了集思想引领、业务办理、普惠服务、工会活动、内部办公于一体，省市县乃至基层工会系统“统分融合”的四川省工会网上工作平台及川工之家App。平台自2019年12月18日发布上线以来，截至2022年9月，注册用户已达650余万人，办理各类业务340余万件，信息阅读量超过2.5亿次，用户总访问量超过2.7亿次，初步构建了工会基础数据全省统一、工会基本业务全省通办、工会普惠服务全省共享的四川工会网上联系服务职工工作体系。四川省工会网上工作平台、川工之家App 2020年、2021年连续2年被评选为全国工会省级十佳“互联网+普惠服务”优秀平台，并被全国总工会纳入全国工会“一张网”的首批10家试点接入单位。

*以数据实时共享为核心，实现全省基础数据全省统一。*以区块链数据共享交换平台为最底层核心框架，统一建设了工会共享数据链及21个市（州）的区块链节点，并规划了与全国总工会及其他省级工会、与省内其他厅局、与社会组织的三条区块链子链，对工会组织数据、工会会员数据等工会基础数据进行统一管理。制定出台《四川省工会网上工作平台标准规范V1.0》，进一步规范和明确了区块链数据共享交换平台的数据标准和接口标准，四川省工会网上工作平台、川工之家App以及各市（州）总工会自建特色频道获取的用户登录信息和身份信息均通过统一的数据共享交换标准进行数据上链共享和数据获取返还。截至2022年9月，共享数据链已完成全省11余万个工会组织数据、1300余万个工会会员数据和650余万个注册用户数据的部署上链，累计产生1.09亿个数据块，形成145G的数据资产，实现全省工会基础数据实时同步、互信互任且数

据不可篡改、源头追溯的特性，也进一步杜绝了基层工会数据管理混乱的风险。

*以访问实时信任为基础，支撑全省工会平台统分融合。*针对四川地域辽阔、经济发展不均衡的实际，四川省总工会在平台建设之初就提出了“统分融合”的全省工会网上工会建设思路，在“统”的方面，由省总工会统一规划建设工会基础数据、工会基础业务和地方工会通用频道，进一步减少重复建设，形成工作合力；在“分”的方面，鼓励条件成熟的地方工会开展工作创新，对地方通用频道进行深度开发，凸显地方特色服务。为打通不同系统之间的数据交换通道，实现用户访问的互信互认，区块链数据共享平台通过去中心化的结构，进一步简化了双向数据访问和共享的接口，用户通过任一平台注册，账号全省通用、服务全省共享，区块链数据共享平台运行至今已累计支撑上亿次的数据交换和调用，有效提升了流程贯通的效率，保证了平台的弹性和可靠性，极大地激发了市（州）总工会工作积极性和创造性。目前，成都、遂宁、南充、泸州、甘孜、内江的地方自建特色频道先后发布上线，其他市（州）总工会也正在形成建设方案，标准统一、各具特色、百花齐放的全省工会网上工作格局已逐步形成。

*以行为实时记录为手段，指导全省工会工作精准决策。*在工会共享数据链设置用户行为数据相关接口，用户无论访问四川省工会网上工作平台、川工之家 App，还是访问各市（州）总工会自建特色频道，用户全部操作行为均在工会共享数据链进行实时记录和返回。区块链数据处理平台可以对工会共享数据链采集的各类用户行为数据进行集中处理和分析，按照企业职工、机关事业单位职工、新就业形态职工等用户类别进行精准画像，全面掌握不同用户类别的用户行为习惯，为精准识别职工信息、精准把握职工需求、精准提供职工服务奠定了坚实

的数据保障，也为工会决策部署提供了坚实的数据支撑。同时，区块链数据处理平台还可对地方自建特色频道，在工会信息阅读量、工会业务办理量、工会服务参与量、普惠服务参与量、工会活动参与量、地方频道访问量等方面情况进行实时监测，精准分析地方自建特色频道用户活跃指数，进一步指导各市（州）总工会查找工作不足加以改进。

*以运行实时监测为支撑，确保全省用户数据网络安全。*四川省工会网上工作平台、区块链数据共享交换平台、区块链数据处理平台以及 21 个市（州）区块链节点均按照信息系统网络安全等级保护三级的标准进行建设和维护，所有服务器和数据均部署在省、市两级政务云平台，全程接受省、市两级大数据管理部门的监管，对各类网络攻击行为进行全天候实时监测预警，上线以来，省、市两级政务云平台累计阻断和屏蔽各类网络攻击行为 15 万余次。在物理结构上，区块链核心基础数据部署于政务云的电子政务外网区，区块链数据共享交换平台和 21 个市（州）区块链节点部署于政务云的互联网区，通过网闸、IP 访问白名单以及对应端口实现数据访问和交换，同时各区块链节点互为异地灾备，有效保障了区块链平台以及核心基础数据的安全稳定运行，确保了平台未发生系统性、区域性网络安全事件。

案例四　标准体系建设

安徽在全国率先发布省级工会地方标准

2021 年 1 月，安徽省总工会在全国率先发布《工会数据元》和《工会信息分类与编码》两项省级工会地方标准，并在全省推广应用。2021 年 12 月，“全省工会推广应用数据标准”

获评安徽省委网信办选树的全省网络综合治理10个示范项目。2022年7月，“安徽率先发布两项工会数据地方标准”获评2021年度安徽省信息化十件大事。

标准先行，数据采集“质”、“量”并重。《工会信息分类与编码》和《工会数据元》两项标准按照GB/T 1.1—2020《标准化工作导则 第1部分：标准化文件的结构和起草规则》的规定起草，符合最新的标准要求。将工会信息分为会员信息和组织信息两大类、108个中类，设计了7位字母数字混合编码，定义了1124个指标项（其中会员类611项，组织类513项），实现了“省总工会统标准、市总工会采数据”的数据库建设构想，为按照“统分结合、共建共享”模式建设的省、市两级职工服务网无缝对接奠定了标准化基础。截至2022年9月底，全省工会入库组织119090家，总入库会员8637225人。初步建成了实名动态、全面覆盖、安全共享的工会基础数据库。同时，继续深化标准化建设，为数据保“质”。持续加强对入库数据的抽查核验，确保数据质量；持续开展第三方数据抽查，督促各市工会做好数据清洗，提升数据质量。

接口互通，网上服务“纵”、“横”贯连。安徽省总工会采取“统分结合、共建共享”模式建设省、市两级职工服务网，通过统一全省数据交换标准，为工会系统内部、工会与政府之间数据交互共享奠定基础，实现省市数据互联互通、融合共享，全省形成了“一张网”。横向上，2021年11月，安徽职工服务网成功嵌入“皖事通”App，方便数据比对、录入和保鲜，为网上入会、困难帮扶、医疗救助等工会业务提供数据支持。“五一学堂”已完成注册登录模块技术改造，实现与安徽政务网的统一身份认证，与工会数据库的互联互通，通过搭建分级化管理平台、真实数据库管理，实现对职工分级精准化管理，为基层工会开展职工培训提供技术基础；2021年12月，“五一学堂”获评全国总工会“互联网+”省级十佳平台。纵向上，推进全省新就业形态劳动者网上入会及会员管理模式创新，简化入会流程，实现广大职工扫码入会转会，截至2022年9月，共有203779名货车司机网上入会。安徽职工服务网“网上就业创业援助月”专题模块升级完善后，招聘信息数据库得到充实，企业招聘信息数据实现了动态更新，截至2022年9月底，共汇集全省招聘信息62727条，岗位948854个。

服务拓展，职工平台“智”、“惠”互动。“五一学堂”实现与安徽政务网统一身份认证，与工会实名数据库互联互通，开展安康杯知识竞赛、职工互助保障知识竞答、《工会法》网上学习专题培训班、网络安全知识学习班等线上活动，截至2022年9月底，参与人数突破200万人次，注册学员216620人，覆盖107321家工会、115468家单位；上线课程2793门，涵盖138个工种；学员线上学习总时长达32911小时。依托工会实名数据库，广大在库会员享受到更广范围和更大力度的普惠服务，截至2022年9月底，2022年度省级职工服务网办事2018件，各地市职工服务网共办事108571件；全省各级工会2022年共投入普惠资金逾4895万元，惠及职工271万余人，其中9月投入资金1087万元，惠及职工103万人，涉及绿色出行、加油、购物、餐饮、观影、公园年卡等诸多领域。

案例五　新媒体宣传

厦门工会新媒体“一专多能”促“百花齐放”

厦门市总工会自2014年11月开通微信公众号至今，已逐步构建起“一网两微多端”的新媒体矩阵（官网，微信订阅号、微信服务号，头条号、抖音号、视频号），以“主动融入、积极作为、用心服务”为工作理念，以服务基层和职工为目标导向，运营用心、服务贴心、形式走新，在当前媒介生态环境与新媒体语境快速转变的形势下，进一步破解内容生产“慢差无”难题，构建宣传服务“双促进”模式，助推工会声音“破圈层”传播。连续多年获评“全国最具影响力工会百家新媒体”和全省“十佳”最有影响力工会新媒体称号，在职工和工会会员群体中具有广泛影响力。

创新机制，建强队伍，破解内容生产“慢差无”难题。一是整合人力资源力量，成立全媒体中心，首创“一对多”跑口对接工作机制，奠定假日“不停更”理念，实现当日内容当日推送。选用熟悉业务工作的工会干部组成运营团队，根据分管领导、业务部室、片区产业细分运营人员的职责范围，主动提前介入活动策划，全程跟、采、拍、摄、编、排、审、校、发一体，从宣传的角度参与活动策划，从受众的视角进行宣传采编制作，以“娘家人”的身份进行平台运营，实现了“要我宣传”向“我要宣传”到“帮我宣传”的转变，从根源上解决活动素材不新不全、推文质量不高不快、宣传效果不痛不痒的问题，实现新媒体内容生产“慢差无”到“快优准”的转变。截至2022年9月，“一网两微多端”共推送了近28000篇（条）内容，推送23亿人次，累计阅读点击量超1.6亿人次。二是注重尖兵队伍建设，团队现有宣传采编人员8名，定期组织内部学习研讨、外部学习提升，培养融采访、拍摄、编辑、配音、剪辑、运营、出演为一体的专业化全媒体新闻采编队伍，坚持以亲民形象、草根视角、鲜活语言讲好身边人身边事。根据本土热点、职工关注焦点主动设置议题，如“寻找最美劳动者、最贴心的职工‘娘家人’、最温馨的职工之家、《追梦人》微纪录片、走近身边的农民工”等一系列典型人物宣传品牌，其中《追梦人》微纪录片微信点播量超过100万人次，覆盖面遍及全国21个省市；走近身边的农民工系列共推出15期人物典型，阅读数超过50万人次，职工留言数累计达13816条。

拓展阵地，强化互动，构建宣传服务“双促进”模式。一是打破服务与宣传壁垒，拓展宣传阵地资源，形成“一网两微多端”格局，结合厦门市智慧工会服务平台，实现入会建会、医疗互助、普法维权、职工普惠、联谊互动等服务“上网”，让职工能够“一掌知工会”、享受“一站式服务”。以“平安返厦”为例，职工可直接通过微信公众号快捷菜单，进入网上办理入口，信息申报、审核和实时查询均可线上完成，同时通过设置“平安返厦”关键词回复，职工可通过搜索快速获得操作指引等推文内容，改善了职工的办事体验，实现了精准化服务，7年来共发放补助金额近1.3亿元，惠及外来职工近80万人次，极大地增强了职工的获得感、幸福感，同时也增强了平台的粉丝黏性，提升了回访率和忠诚度。二是契合粉丝内心需求，丰富新媒体互动形式，目前厦门工会头条号、抖音号累计关注人数近4万人，厦门市总工会微信公众号粉丝数累计160余万人，每月定期在微信公众号、抖音号等多平台开展抽奖抢票、普法答题、问卷调查、网络灯谜、会员普惠、主题征集等互动服务类活动，聚集活动人气，增强互动黏性，逐步形成了“与重点工作相结合，以品牌活动为载体，以普惠职工为内容，以贴心服务作吸引”为运营特色的工会新媒体，实现服务支持宣传，宣传促进服务。如推出“线上猜灯谜，抽奖赢红包”活动，特邀厦门市职工文体协会灯谜专委会，用党的知识进行制谜，并将灯谜竞猜与抽奖相结合，操作简单、寓教于乐，累计参与人次超672万人，参与人数达41万人，在职工中广受好评。

迭代形式，融合媒体，助推工会声音“破圈层”传播。一是积极改文风、转网风，专门成立创意小组和视频小组，用海报图鉴、数字图解、情景剧场、人物微电影、情景剧等职工喜闻乐见的形式呈现内容，实现“一体策划、一次采集、多形式加工、多产品输出、多媒介传播”的工会新闻传播新格局。以“安全生产”的相关内容为例，在微信公众号上推出知识科普、案例解析，提升广大职工的安全生产意识；在抖音号、视频号上推出原创安全生产 RAP 口诀与自制安全生产小剧场，脚本撰写、视频拍摄、作词作曲、现身出演均由创意与视频小组成员完成，符合平台内容“短、平、快、鲜”的特性，更具吸引力与传播力。二是主动作对接、求合作，纵向上密切与“学习强国”、人民网等主流媒体的交流互动，横向上加强与本土媒体的借鉴融合，构建全媒体传播体系。如策划推出“火红的七月·工悦领读”系列宣传报道，首次尝试工会新媒体平台同步直播红色经典诵读活动，点击量超 2000 万人次；与厦门市委网信办共同主办“传承红色基因 传递厦门力量——庆祝中国共产党成立 100 周年网络重大主题活动”，特邀中央电视台电影频道知名主持人直播，带领网友“一站式”欣赏 10 支短视频，云打卡 10 个厦门红色教育基地，相关话题阅读及播放量超 7800 万人次，经人民网、新华网、“学习强国”、央视频等各大网络主流媒体平台转发报道，真正实现了“破圈”传播。

案例六　建运一体化

促进成都智慧工会平台建运一体化发展

近年来，成都市总工会深入学习贯彻习近平总书记关于工人阶级和工会工作的重要论述，主动适应信息时代职工群众新需求，将网上平台作为工会联系职工、服务职工的重要阵地，按照“建运一体化”的思路建强网上平台，努力提高工会工作智慧化水平，不断增强工会传播力、引导力、影响力。经过四年多的建设，成都市总工会智慧工会平台建设取得初步成效，2019年荣获全国总工会“全国互联网+工会普惠服务最具影响力平台”称号，2021年成功入选四川省全面深化改革典型案例。

成都市总工会依托职工普惠服务平台建设智慧工会平台。2018年初，成都市总工会将下属企业蜀工投资中心改制成立成都职工投资集团（以下简称职投集团），作为成都市总工会智慧工会服务平台的建设和运营主体，成都市总工会以职投集团为建运主体，以自主可控为发展基础，以公益性和市场化并行为发展路径，组建核心技术团队和专业运营团队，全力保证平台底层架构设计与源代码自主可控，着力保障智慧工会服务平台“建运一体化”模式可持续发展，经过几年的实践探索，已初步实现网上工会服务对象精准化、服务模式定制化、服务内容体系化。基于平台的互联网属性，工会服务的资源由单纯依赖自身资源向整合利用市场资源转变，服务供给方式由依赖第三方采购向工会主导、各方协同转变。截至目前，成都市总工会智慧工会服务平台“职工普惠”App下载使用超2900万人次，注册用户逾510万人，其中实名认证用户逾440万人；“工会协同化工作平台”基层工会组织注册数超2万余个，累计服务超4万余名工会工作者；已吸纳超5000家市级部门（机构）和企事业单位试点集体福利平台发放，实现折扣让利9000余万元；累计建成“工会集体福利阳光发放监管”、“文体活动一体化服务”、“工会传统四送服务”等应用场景模块与“问卷调查”、“知识竞赛”、“互动投票”等多个运营工作组件，形成了智慧工会建设及可持续发展的成都方案。

成都市总工会智慧工会平台建运一体化发展，经历了两个发展阶段。

一是“0—1”初创建设阶段，发展目标是借助工会组织优势获取闭环流量，提升会员黏性打造普惠服务生态圈。

2018 年 1 月，成都市总工会智慧工会服务平台“职工普惠”App Beta 版上线，以“互联网+”普惠服务为切入点，为全市各级工会组织、广大工会会员提供了工会福利发放和使用的全新互联网平台工具。平台一手抓系统开发，立足于服务职工“吃、住、行、游、购、娱、教、养、医”需求，持续完成商超、出行、订餐、文体娱等细分功能板块的集成；一手抓市场化运营，与超过 300 家国内外知名品牌或企业形成供应链合作，建成线下普惠服务点位达 7 万余个，基本实现了由工会“定菜单”向职工“点菜单”的转变。

2019 年 1 月，成都市总工会智慧工会服务平台“职工普惠”App 2.0 上线（以下简称平台），平台开通电子钱包，实现线下扫码消费。在中国人民银行有关单位的指导下，平台建立了“单位自主发放、第三方支付代扣、银行定制管存、银联集中结算”的多元支付生态；在税务机关指导下，按照工会财务规定，参照工资发放模式，建立了新的福利发放明细、银行转账凭证记账模式，解决福利发放方式变更后审计合规难题，实现了全市工会福利金阳光监管、规范发放和便捷使用。同时，成都市总工会以项目化方式，委托职投集团在平台上开发上线了百万职工技能大赛、万人知识竞赛等工会线上活动和新就业形态群体入会、招工就业、职工婚恋、劳模工匠管理、基层工会评星定级等工会业务应用场景。通过这些线上业务的持续开展，使得职工会员与平台的黏性不断提升，平台因此获得了稳定的流量闭环。

以打造成都市总“职工婚恋”、“惠玩成都”两个工会传统业务线上应用场景为例。平台运营团队全过程参与成都市总工会相关业务部门项目策划、汇报和立项等前期工作，能够充分理解工会婚恋服务、工会文体活动的项目内容、工作要求和目标。项目开发阶段，平台运营团队代表业主与技术团队沟通，最大限度减少了多个执行主体之间协调沟通的成本和信息损耗。项目交付后，运营团队直接接手运营，运营期间与市总工会业务部门保持实时沟通，第一时间解决运营或产品优化问题。2021年9—11月，仅用三个月时间，全市工会系统使用“惠玩成都”应用场景模块累计开展工会文体活动超2000场次，报名职工超15万人，实际线下签到超10万人，覆盖全市工会文体服务阵地累计超2000个。2021年，“职工婚恋”应用场景模块累计访问量突破3000万，开展线上、线下婚恋活动近百场，参与人数突破20万。

二是“1—100”的融合创新阶段，发展目标是不断创新平台应用场景，努力实现从“普惠”到“智慧”的质变。

2022年以来，为全面落实全国总工会、四川省总工会网上工会规划及成都市智慧蓉城建设各项工作要求，成都市总工会与职投集团建立了“智慧工会建设工作例会制度”，除定期沟通、协调智慧工会建设项目推进过程中的问题外，还要重点学习传达省总工会网上工会、智慧蓉城建设、网络安全等相关文件，共同研究探讨智慧工会建设工作计划。

以2022年启动的成都市总工会智慧工会服务平台“区县频道”应用场景为例。该项目是由市总工会业务部门牵头主导，参与试点区（市）县总工会（办事处）提出需求，职投集团负责开发和运营的智慧工会建设项目。建设重点是完善比对试点单位工会会员数据、工会组织数据库、工会业务专题库，健全平台工会业务协同功能，使平台具备对日常数据进行标签化管理与分析的能力。项目交付后，试点区（市）县总工会（办事处）可根据本地区工会会员数据画像，实施本地区特定群体会员权益的分级发放，精准开展主题活动，个性化开展亮点工作，相关信息和数据在平台上可以分级调阅和可视化呈现，为下一步按要求接入全国总工会智能数字“云脑”平台、省级神经元、智慧蓉城数据底座预留数据通道做好技术准备。

丨案例七　职能上网丨

阳泉工会“建、管、用”三力齐发促平台建设

自2017年以来，山西省阳泉市总工会认真贯彻落实习近平总书记关于工人阶级和工会工作的重要论述，把网上工作作为工会联系职工、服务职工的重要平台，增强传播力、引导力、影响力，围绕“职能上网络 服务进中心”目标，聚焦工会改革创新不动摇，积极适应互联网时代特点，引入大数据、云平台思维，以智慧工会建设为抓手，着力抓建、持续抓管、重点抓用，“三力”齐发，在探索中创新、创新中完善，蹚出一条务实高效、操作简单、界面直观、功能强大的智慧工会云服务平台建设新路。

一、以建为基，构筑“1+3”综合服务新平台

阳泉市总引入大数据思维，采用可视化界面，突出信息系统智能逻辑判断和强大的数据汇总、分类查询等功能，加强资源整合和流程再造，开通两个工作接口（PC端和手机端），着力打造“1+3”综合服务新平台，开启智慧工会云服务平台的持续建设过程。

建成“1”个全市工会组织、职工（会员）、工会干部底层数据库。以“三张表”［工会组织情况表、职工（会员）情况表、工会干部情况表］为统领，采用目录树结构、可视化界面、下拉式菜单、数据逻辑校验、自动分类汇总等“智慧”功能，建成纵向贯通市、县（区）、乡镇（街道）、村（社区）、村（社区）办企业5级组织，横向涵盖全市各级工会组织和职工

（会员）的底层数据库。逐步完善退休人员转移，人员批量选择，联合基层工会组织单位单独建会，辖区内、外人员分类统计，大数据“画像”等功能，努力建成能满足全市各级工会组织所有统计、分析需求的底层实用数据库。

建成集“职能、服务、宣传”三位一体的综合服务新平台。在底层数据库精准定位服务对象的基础上，将经常性的职能工作、服务工作和宣传工作集成为上层工作模块，实现综合服务功能。一是面向基层工会，立足于工会“参与、维护、建设、教育”四大职能，集成企业民主管理、委员代表提案建议、工资集体协商、困难职工管理、金秋助学、困难职工临时救助、节假日慰问、接触职业病人员管理、劳模管理、“五小”竞赛、创新工作室管理、主题宣传、工会微课堂 13 个职能工作模块，推动工会职能工作上网络，实现数据多跑路、职工少跑腿，推动工会工作创新发展。二是面向全市职工（会员），开启矩阵服务模式，整合职工大病互助、职工婚恋系统，新建职工入会、转会，职工法律、心理咨询和工会普惠、商家普惠、职工服务“三合一”普惠服务模块，打造方便快捷、务实高效的服务职工新通道。三是面向社会，将阳泉智慧工会云服务平台和市总工会门户网站、微信、微博、抖音、“阳泉工会”App 等融为一体，打造工会宣传的新媒体矩阵。

二、以管为要，形成齐抓共管的工作新格局

智慧工会建设启动以来，阳泉市总工会坚持统一谋划、统一部署、统一推进、统一实施，实现了全会上下协调化推进、一体化运行。

第一，高度重视，建立健全智慧工会建设领导组，为智慧工会建设提供组织保障。阳泉市总工会建立健全了以主要领导挂帅、其他领导为成员的智慧工会建设领导组，并设立专门的办公室，由四级调研员兼任办公室主任，配备专门工作人员，负责智慧工会建设的协调、督促工作；在工会改革中专门设立网络信息部，具体负责智慧工会建设业务、技术工作。按照《全国工会网上工作纲要（2017—2020年）》和《山西省总工会深化工会改革创新实施细则》中关于“扎实推进网上工会建设”的目标任务，在外出考察取经、邀请专家指路、不断学习探索的基础上，智慧工会建设领导组制定了网上工作实施意见，明确智慧工会建设规划和行动计划，提出“三加强、四到位”工作要求，即加强工会系统上下之间、横向之间的联系协调，全会联动、整体推进、形成工作合力；加强网上工作管理和考核，形成工作落实链条；加强规范引导，及时总结智慧工会建设的经验和做法，大力宣传工会线上线下服务项目和参与方式，确保领导到位、组织到位、责任到位、措施到位。

第二，注重协调，形成了齐抓共管的工作机制。智慧工会建设领导组办公室每季度召开智慧工会建设工作会，每月召开智慧工会建设专题会，及时解决智慧工会建设中出现的困难和问题。制定《阳泉市职工服务系统数据管理办法（试行）》，明晰数据管理的原则和责任归属，形成党组统一领导、智慧工会办公室统筹推进、网络信息部技术支持、各部门各负其责的协同工作机制和运营模式。

第三，严格把关，注重平台建设的协同性和科学性。智慧工会建设以来，智慧工会建设领导组始终坚持质量第一的原则，从项目设计、项目建设到项目验收，层层把关，不留死角。在项目设计阶段，充分听取各部门的意见建议，并请阳泉市有关专家进行充分论证。在此基础上，阳泉市总工会主席办公会议确定招标公司，委托招标公司对设计单位进行社会公开招标，按照设计单位的设计方案再进行建设单位公开招标，中标单位的建设合同经阳泉市总工会聘请的法律顾问审核后提交市总工会主席办公会议通过，由主要领导签字审批；建设项目竣工后，聘请专家组评审合格，按合同约定付款；待项目全部验收后，接受第三方的工程专项审计。

第四，强化安全意识，打造便捷、安全的职工服务平台。网络安全和信息化是一体之两翼、驱动之双轮，必须统一谋划、统一部署、统一推进、统一实施。一是组织保安全。建立健全网络和信息安全领导机构和应急处置机构，确保网络安全有组织保障、有应急机制。二是制度保安全，坚持把关键信息基础设施保护作为重中之重，深入落实《网络安全法》，制定《阳泉市职工服务系统数据管理办法（试行）》，切实维护工会组织和职工的合法权益；制定《阳泉市总工会网络和信息安全应急管理制度》、《阳泉市总工会智慧云服务平台安全操作规程》和 24 小时值班制度，明确网络技术安全由网络部负责、使用数据库信息及办理业务产生的数据安全由业务部门负责的责任制度，明晰责任，发挥制度的保障作用。三是程序保安全。外部门使用数据库信息及办理业务产生的数据要签订保密协议。搭建《工会组织法人账号+经办人个人账号》相结合的账号指定管理系统，建立管理员台账制度，实时更新，有效消除基层工作人员经常调动带来的安全隐患。聘用专业技术人员为网络安全员，实时监控网络运行情况，及时做好系统补丁和漏洞修复；招标两家专业公司定期开展网络安全等保测评，加强档案容灾备份和危机事件处理，织就了工会网络安全防线。

三、以用为本，构建线上线下相结合的服务职工的新体系

坚持以职工为中心，以项目化服务为载体，再造和优化工会工作和服务流程，推进扁平化、交互式、快捷性服务。

在服务基层工会方面：网上入会功能初显成效，截至 2022 年 9 月，共吸引全市 10350 名“八大群体”职工入会，实现职工找工会“一键对接”，工会找职工“一呼百应”；“五小”竞

赛网上运行，融“项目申报、成果评审、数据统计、网上展示”为一体，全市共403家企事业单位、17.03万名职工参加了竞赛活动，收集五小成果13629项，基层审核通过1331项，562项参评；2020年大病医疗互助系统采取统一网络支撑、统一身份认证、统一电子印章、统一数据共享四项举措促进工会服务跨地区、跨部门、跨层级数据共享和业务协同，实现了单位缴费“一次办”。第16期职工医疗互助共有1084家单位、198812人参加，收到互助金994.4万元。在“阳泉工会”App上搭载“职工电子书屋”，职工、会员能掌上阅读3000余种期刊、50000余册图书、300余种报纸，满足了广大职工文化需求。

在服务职工方面：加强与教育、科技、工信、民政、人社、医保等部门的沟通合作，完善大病医疗互助系统，职工领取互助金由过去线下“九步走”到现在线上“一次办”；阳泉工会App婚恋服务系统上线运行，通过开展线上线下、丰富多彩的交友联谊活动，为单身职工牵红线搭鹊桥，为他们提供更加快捷高效常态化的婚恋服务。

在打造新媒体矩阵方面：阳泉市总工会以智慧工会云服务平台为中心，在工会网站、微信公众号开辟宣讲专栏，工会网站共发布信息361条，微信公众号211条、微博84条，有力地扩大了工会的影响力；组建500人的全市工会系统网络宣传队伍、120人的宣讲人才库，开设400多个线上专题专栏，开展1000余次“微宣讲”；推出手机剪纸、心理疏导、面食烹饪、戏曲表演四门新课程。

在服务机关方面：办公系统打破时空限制，为机关文件审批、预算审批、财务报销、用车、就餐、物品领用、设施维护、请假休假、网上通知，网上公示、网上调查、网上答题等提供了“一键通”、“一键办”服务，极大地提高了机关的办事效率。绩效考核系统日臻完善，部门共享实证材料改为人人“实名制”上传实证材料，增加了工委和部门交叉打分功能，职能工作增加“工作效能梯度指数”，获奖加分增加智能化管理面板、增加多项加分选项，“好评”功能模块改成“民主测评”模块，进一步提升考核的科学性和公平性；会议系统增加“创建会议权限管理”，增加“临时参会人员管理”，与协同办公“会议室审核”功能打通，发起重要会议和协同办公“会议签名”功能打通，进一步提高系统的实效性和便捷度。

参考文献

1. 习近平．习近平谈治国理政［M］．北京：外文出版社，2014.

2. 习近平．习近平谈治国理政（第二卷）［M］．北京：外文出版社，2017.

3. 习近平．习近平谈治国理政（第三卷）［M］．北京：外文出版社，2020.

4. 习近平．习近平谈治国理政（第四卷）［M］．北京：外文出版社，2022.

5. 本书编写组．党的二十大报告学习辅导百问［M］．北京：学习出版社，党建读物出版社，2022.

6. 中共中央关于加强和改进党的群团工作的意见［M］．北京：人民出版社，2015.

7. 于施洋，王璟璇．电子政务顶层设计［M］．北京：社会科学文献出版社，2014.

8. 蔡志峰，张晓莹，张剑，孙玥等．互联网+工会：移动互联时代的改革创新思维［M］．北京：中国工人出版社，2016.

9. 田丰，张騄．互联网 3.0 云脑物联网创造 DT 新世界［M］．北京：社会科学文献出版，2016.

10. 金震宇，房迎．“互联网+政务服务”实践（三）［M］．北京：光明日报出版社，2019.

11. 王文，刘玉书．数字中国：区块链、智能革命与国家治理的未来［M］．北京：中信出版集团，2020.

12. 张建锋．数字政府 2.0：数据智能助力治理现代化［M］. 北京：中信出版集团，2020.

13. 赵昌文．认识和把握新一轮信息革命浪潮［N］. 人民日报，2019. 6. 14.

14. 朱玲．我国数字政府治理的现实困境与突破路径［J］. 人民论坛，2019（32）.

15. 刘祺．当代中国数字政府建设的梗阻问题与整体协同策略［J］. 福建师范大学学报（哲学社会科学版），2020（03）.

16. 吴志刚，崔雪峰，周亮．我国数字政府建设现状及发展趋势探析［J］. 现代工业经济和信息化，2020（07）.

17. 梁华．整体性精准治理的数字政府建设发展趋势、现实困境与路径优化［J］. 贵州社会科学，2021（08）.

18. 严旭．推进数字政府建设的现实困境及完善路径［J］. 湖南省社会主义学院学报，2022（02）.

后　记

《工会网上工作概论》是全国工会干部培训基础教材之一。

本次出版的《工会网上工作概论》是在 2018 年版的基础上，由全国总工会网络工作部、全总信息中心负责修订。参加修订工作的人员有：谢永胜、董宁玮、桑葳（第一章），喻龙、张焰、刘璐（第二章、第三章），陈文娟、郭晋、曹尧、郭舒荃（第四章），方建、王阳、张玲、林芳臣、张鑫（第五章），严洁、苏日娜、王庚杰（第六章），刘增智、孙玥（第七章），郭孝实、王强、聂玮、郝仲明、陈百艳、周嘉欣同志负责审阅书稿，王娇萍同志终审定稿。

由于编者水平有限，本书难免存在不足和疏漏之处，诚恳地欢迎广大读者批评指正。

编　者

2023 年 3 月